SAGGI

Dello stesso autore:

Dio e il suo destino (Garzanti 2015, ed. tasc. 2016)

Questa vita (Garzanti 2015, ed. tasc. 2016)

Io amo. Piccola filosofia dell'amore (Garzanti 2014, ed. tasc. 2015)

Il principio passione (Garzanti 2013, ed. tasc. 2014)

Obbedienza e libertà. Critica e rinnovamento della coscienza cristiana (Fazi 2012)

Io e Dio. Una guida dei perplessi (Garzanti 2011, ed. tasc. 2013)

La vita autentica (Raffaello Cortina 2009)

L'anima e il suo destino (Raffaello Cortina 2007)

Per amore. Rifondazione della fede (Mondadori 2005; ed. Oscar *Rifondazione della fede*, 2008)

Il dolore innocente. L'handicap, la natura e Dio (Mondadori 2002; ed. Oscar 2008)

Dio e l'angelo dell'abisso. La visione cristiana del mondo (Città Nuova 1997)

Hegel teologo. E l'imperdonabile assenza del "Principe di questo mondo" (Piemme 1996)

In collaborazione:

La bellezza, la legge e Dio (con Guido Rispoli, Il Margine 2015)

Sinai. La montagna sacra raccontata da due testimoni d'eccezione (con Nives Meroi, Fabbri 2014)

Il caso o la speranza? Un dibattito senza diplomazia (con Paolo Flores d'Arcais, Garzanti 2013)

Conversazioni con Carlo Maria Martini (con Eugenio Scalfari, Fazi 2012)

Disputa su Dio e dintorni (con Corrado Augias, Mondadori 2009)

Le preghiere più belle del mondo (con l'abate Valerio Cattana, Mondadori 1999)

VITO MANCUSO

IL CORAGGIO DI ESSERE LIBERI

Garzanti

Prima edizione: ottobre 2016

Per essere informato sulle novità del Gruppo editoriale Mauri Spagnol visita:
www.illibraio.it

ISBN 978-88-11-68262-2

Printed in Italy

www.garzantilibri.it

IL CORAGGIO DI ESSERE LIBERI

A chi, se non a te?

PROLOGO
SUL PALCOSCENICO

Dopo il terzo segnale in sala si spengono le luci, si apre il sipario ed entra una maschera imprecisata dell'antica commedia dell'arte, ognuno immagini quella più cara a sé, Arlecchino, Balanzone, Brighella, Colombina, Gianduia, Meneghino, Pantalone, Pulcinella, Stenterello...

«Eccomi qui, davanti a voi, onorato pubblico. Lo sapete? Ora che ho messo piede su questo palcoscenico entrando alla vostra presenza non posso più muovermi e parlare come vorrei. Le parole che vi sto dicendo non nascono liberamente dentro di me, ma sono state scritte da un altro: io sono l'attore e lui è l'autore. E anche il mio modo di parlare obbedisce a un copione: devo scandire le parole, conferire accentuazioni e cadenze, inserire le dovute pause, far assaporare i silenzi. Né i miei movimenti sono naturali, ma costruiti, studiati, artefatti. Ho detto proprio così, *artefatti*, perché qui è l'*arte* a essere in gioco, e la vera arte non è mai solo spontaneità: è soprattutto regole, rigore, tecnica, precisione, canonicità. Adesso, davanti a voi, devo essere diverso dalla mia vita di ogni giorno: il mio parlare, il mio muovermi, il mio respirare, tutto in me deve essere *recitazione.*

Che situazione è quindi la mia? Quello che devo dire l'ha stabilito l'autore, come lo devo dire l'ha stabilito il regista. Che cosa sono perciò io, qui, ora, mentre mi rivolgo a voi, onorato pubblico? Sto vendendo il mio corpo e la mia psiche? Che ne è della mia singolare personalità? Che ne è della mia libertà?

Sono qui, con questo costume d'altri tempi e con questa maschera che nasconde il mio volto, vestito come mai nella mia vita mi vestirei, muovendomi come mai nella mia vita mi muoverei, parlando come mai nella mia vita parlerei. Sono un attore e sto recitando, ho imparato alla perfezione il copione, non ho pause né esitazioni, non mi impappino, faccio il mio mestiere come si deve.

A questo punto però vi devo confessare una cosa importante: in questo mio essere costretto e artefatto io mi sento realizzato, felice. Vi dirò di più, aggiungo qualcosa che vi stupirà: che mi sento più vivo quando recito le parole di altri, e mi muovo e mi atteggio come vogliono gli altri, che non quando dico le prime cose che mi vengono in mente nella mia vita di tutti i giorni.

Come spiegare questa paradossale situazione? Proprio quando non sono solo me stesso, mi sento più vivo. Proprio quando non sono libero, mi sento più realizzato. Dipende dalla mia natura istrionica? Effettivamente sono felice quando devo recitare e sono infelice quando non ho parti da interpretare; non è solo perché guadagno meno, i soldi non sono mai stati il mio principale obiettivo, è proprio perché amo il mio lavoro, il mio poter essere qui davanti a voi, onorato pubblico. Anche una violinista mia amica mi ha confermato che preferisce suonare in un'orchestra la musica immortale dei grandi sotto la direzione di altri, che improvvisare, del tutto libera, a casa da sola.

Ora però, da dietro questa antica maschera e con questo antico costume, io chiedo a voi che siete senza maschera e che vestite come vi pare perché non siete attori: capita anche a voi qualcosa del genere? Non mentite, vi prego. Date ascolto a quella sottile voce interiore che ogni tanto si palesa dentro gli esseri umani. Forse scoprirete che in realtà anche ognuno di voi recita a sua volta sui diversi palcoscenici dell'esistenza, perché esiste un copione per ogni situazione, non attenersi al quale comporta il fallimento dei rapporti con gli altri, l'insoddisfazione di tutti coloro che hanno a che fare con voi. Ha detto un uomo di genio che il primo dovere nella vita è di essere il più artificiali possibile, e che quale sia il secondo nessuno l'ha ancora scoperto.

Per questo torno a chiedervi: quando vi trovate sui diversi palcoscenici della vita, e dite le parole pensate da altri, e fate i gesti richiesti da altri, ecco in quei momenti, quando la vostra libertà interiore è subordinata al ruolo e alla maschera sociale, anche voi vi sentite bene, appagati, realizzati, come me in questo momento?

Oppure qualche volta no? Oppure ogni tanto... (*a questo punto l'attore si pone l'indice sinistro sulla bocca e abbassa la voce rivolgendosi familiarmente al pubblico*) sss, capita anche a me, ma questo è un segreto tra me e voi, l'autore e il regista non devono saperlo... (*il volume della voce torna normale*)... oppure qualche volta vi viene voglia di gettare la maschera e di mandare a quel paese il vostro autore e il vostro regista, e di andarvene non so dove, a fare non so cosa, ma finalmente liberi, senza maschera, senza copione, senza nessun pubblico da riverire?»

L'attore fissa per qualche lungo istante il pubblico in silenzio, fa una cerimoniosa riverenza ed esce di scena. Si spengono le luci, si chiude il sipario. Si riaprirà poco dopo per dare inizio allo spettacolo vero e proprio.

I. NATURA, ARTICOLAZIONE E POSTA IN GIOCO DELL'ESSERE LIBERI

1. Persona-maschera

Esiste veramente la libertà? E se esiste, dov'è? Com'è? Come definirla? Se invece non esiste, perché tutti ne parlano, la ricercano, la pretendono? In questo piccolo saggio intendo affrontare la questione in modo concreto, interrogandomi non tanto sulla libertà come concetto, quanto sull'essere liberi come condizione dell'esistenza reale. La domanda più importante qui non è: «Esiste la libertà?», quanto piuttosto: «Tu ti ritieni libero? E se non ti ritieni tale, lo vuoi diventare? Hai, o vuoi avere, il coraggio di essere libero?».

Considerando il mondo davanti ai nostri occhi e gli esseri umani che lo abitano, quello che appare alla mente è uno sterminato palcoscenico su cui ognuno si esibisce indossando le diverse maschere imposte volta per volta dall'esistenza: ora figlio ora padre, ora moglie ora amante, ora dirigente ora sottoposto, ora venditore ora acquirente, ora giovane donna ora anziana signora, ora sano ora malato. Ogni condizione ha le sue regole e prescrive il suo copione. Si tratta di un'antichissima consapevolezza, acquisita dalla mente agli inizi della civiltà, come dimostra l'origine del termine *persona* che, sia nell'invariato termine latino sia nel greco *prósōpon*, significa in primo luogo «maschera», intendendo precisamente la maschera teatrale indossata dagli attori durante la rappresentazione.[1]

Non credo che questo legame tra persona e maschera comporti di per sé un giudizio negativo sulla vita quale mera commedia, quale beffarda e inautentica mascherata; non credo cioè che postulare il legame persona-maschera comporti affermare che siamo tutti falsi, esattamente nel senso di *ipocriti*, termine di origine greca (*hypocritḗs*) che proviene a sua volta dal teatro e significa originariamente «attori», anche nel senso poco generoso di «commedianti». A mio avviso il legame persona-teatro, più che all'ipocrisia, rimanda alla costrizione, all'assenza di libertà, al fatto cioè che nella vita concreta siamo spesso obbligati a recitare un copione scritto da altri. Far parte della famiglia, della scuola, del gruppo di amici, dell'azienda, del movimento, di qualunque altro sistema, impone una serie di regole e comportamenti cui attenersi e consegna un ruolo da recitare, con relativa maschera da indossare. Talora inoltre appartenere ai diversi sistemi di cui è composta l'esistenza fa sorgere un'amara sensazione di prigionia, di essere rinchiusi in una trappola che costringe a ripetere ciò che già si è fatto e rifatto moltissime altre volte impedendo di fare ciò di cui si avverte un profondo desiderio, se non addirittura un bisogno. Non solo; va anche considerato che quanto più si sale nel gradimento sociale, quanto più cioè da semplice persona si diventa un *personaggio*, tanto più aumenta la dipendenza

[1] Sul valore delle etimologie per l'elaborazione del pensiero così annotava Ludwig Wittgenstein: «Quanto più una parola è vecchia, tanto più va a fondo», *Quaderni 1914-1916*, in *Tractatus logico-philosophicus e Quaderni 1914-1916*, a cura di Amedeo G. Conte, Einaudi, Torino 1998, p. 176 (l'annotazione è datata 5 marzo 1915). Dicono i filologi che il latino *persona* derivi dall'etrusco *phersu*.

dalla maschera indossata, così che tutta la vita corre il rischio di essere una recita, non di rado anche di fronte a se stessi. Per tutte queste ragioni la libertà è sempre un'esperienza pericolosa che richiede non poco coraggio.

A questo proposito vorrei sottolineare la fecondità della contraddizione contenuta nel discorso dell'attore del prologo. Se l'attore infatti non fosse felice di recitare e non trovasse questa scelta preferibile al suo esistere quotidiano spesso avvolto dalla banalità e in preda all'insignificanza, non potrebbe essere un attore, non avrebbe un ruolo, non sarebbe nessuno nel teatro della vita; se d'altro lato però non sentisse a volte la sua professione come una forzatura o addirittura come una mortificazione della sua individualità, se non provasse il desiderio di liberarsi dai copioni composti da altri per essere veramente solo se stesso, sarebbe del tutto riducibile al suo essere maschera e si ritroverebbe privo di personalità interiore, solo un personaggio, non una persona. Occorrono quindi entrambe le cose: la capacità di indossare la maschera assumendo un ruolo sociale mediante cui liberarsi dal vuoto interiore della banalità quotidiana e realizzare nel lavoro concreto le proprie qualità, e al contempo la capacità di gettarla via per non farsi ridurre al proprio scontato personaggio e salvaguardare la propria libera imprevedibilità.

Per questo motivo una condizione indispensabile della libertà è la *solitudine*, quei pochi momenti nei quali non indossiamo più alcuna maschera perché, essendo soli con noi stessi, non calchiamo nessun palcoscenico. Ma sempre per questo motivo l'altra condizione indispensabile della libertà è la *relazione*, quando indossiamo consapevolmente le diverse maschere che l'esistenza ci impone e lavoriamo sul palcoscenico del mondo in fedeltà agli impegni assunti. E sempre per questo motivo alla libertà è strettamente associato il *coraggio*, perché occorre non poco coraggio per rimanere consapevolmente e con autenticità nell'esperienza dialettica di solitudine e di relazione, di individuo e di persona. Ognuno infatti è *persona*, cioè essere-con, insieme di relazioni, ma è anche *individuo*, cioè irriducibile singolarità, sostanza che è per sé (la parola stessa individuo significa «non ulteriormente divisibile»).

Il pittore è e non è i suoi dipinti; lo scrittore è e non è i suoi romanzi; il poeta vive la stessa dialettica con le sue poesie, il compositore con la sua musica. Lo stesso vale per ogni essere umano. Ognuno si identifica con la sua professione e con i risultati acquisiti mediante essa, ma al contempo ne avverte una distanza, ora perché li percepisce più grandi di sé («ma davvero sono giunto in questa posizione? ma davvero ho fatto questo?»), ora perché percepisce se stesso più grande di essi («mi merito di più», «sento che posso fare meglio»). C'è sempre una trascendenza che ci abita e ci distanzia dalle condizioni e dai frutti del nostro operare: siamo e non siamo le nostre relazioni, siamo e non siamo le nostre maschere. Ma è solo da questa complessa dialettica che nasce quella strana condizione interiore, generatrice a volte di felicità e a volte di malinconia, che chiamiamo libertà.

2. Solitudine e relazione

L'essere irriducibili a ogni nostra manifestazione esteriore e interiore genera l'esperienza della solitudine. Tale solitudine coincide con l'esperienza della libertà; per la precisione è la prima condizione, necessaria e spesso dolorosa, per il darsi della libertà, nel senso che si inizia a fare esperienza di libertà quando si percepisce una netta distanza rispetto a ogni propria manifestazione esteriore e dimensione interiore. Qui l'essere umano appare nel suo fondo come *ultima solitudo.*[2]

Dicendo *solitudine* si intende una cosa diversa da *isolamento.* L'isolamento è prodotto dagli altri su di noi, la solitudine è prodotta da noi stessi sugli altri. L'isolamento è subìto, la solitudine è voluta. L'esprimono bene questi celebri versi in cui Petrarca descrive la sua ricerca di spazi incontaminati dalla presenza umana: «Solo e pensoso i più deserti campi / vo mesurando a passi tardi e lenti, / e gli occhi porto per fuggire intenti / ove vestigio uman l'arena stampi».[3]

In alcuni momenti si avverte il desiderio di prendere il largo, di non appartenere ai soliti giri, di non percorrere sempre le stesse vie, di non ripetere sempre le stesse parole, di deporre tutte le maschere. In alcuni momenti ci si sente diversi, distinti, differenti, unici. Incapacità? Disadattamento? Presunzione? Supponenza? Chissà. In ogni caso si sperimenta l'acuta sensazione, spesso non priva di sofferenza, di essere un'altra cosa rispetto al mondo che ci circonda e ai ruoli che vi rivestiamo, giungendo a sentire sulla propria pelle questa disequazione: Io ≠ Mondo. Ovvero: io non sono la mia famiglia, non sono la mia classe, non sono la compagnia dei miei amici, non sono la mia azienda, non sono la mia città, non sono le mie

[2] La definizione risale al teologo francescano medievale di origine scozzese Giovanni Duns Scoto, il *Doctor subtilis,* secondo cui «per la personalità si richiede l'ultima solitudine, ossia la negazione della dipendenza attuale e attitudinale verso una persona di altra natura», da *Ordinatio* [1302], III, d. 1, q. 1, n. 17, che cito da Giovanni Duns Scoto, *Antologia,* a cura di Giovanni Lauriola, Editrice Alberobello, Alberobello 2007, p. 410.

[3] Francesco Petrarca, *Canzoniere* [1356-1374], sonetto 35, vv. 1-4, qui citato dall'edizione intitolata *Rime,* a cura di Guido Bezzola, Bur, Milano 1976, p. 140.

convinzioni politiche, non sono la mia religione, non sono il mio movimento, non sono neanche la natura e il cosmo da cui vengo e in cui tornerò. Senza tutte queste realtà nessuno potrebbe essere ciò che è, e quindi ognuno è *anche* le relazioni costitutive del suo esistere; tuttavia l'insieme delle relazioni genera talora in noi un distacco da tutto ciò che ci circonda. Ne viene che ognuno è, e insieme non è, le sue relazioni. Ognuno è, e insieme non è, le sue maschere.

Ma occorre procedere oltre. L'esperienza della solitudine infatti non si limita al rapporto con gli altri: giunge a toccare anche il rapporto con se stessi, nel senso che talora ci si scopre diversi anche da ciò che ci costituisce nella nostra individualità. Si sperimenta cioè di non essere del tutto identificabili con il proprio corpo, la propria voce, il proprio linguaggio, il proprio sapere, il proprio carattere. È ovvio che senza questo corpo, voce, linguaggio, sapere, carattere, ognuno non potrebbe essere ciò che è; tuttavia queste realtà in alcuni momenti ci consegnano a un orizzonte ulteriore non riducibile a esse, ci fanno salire come su un promontorio interiore da cui è possibile vederle dall'alto e giudicarle, dicendo «il mio carattere va bene», oppure «il mio carattere non va bene, mi piacerebbe migliorarlo», e così per il corpo, il linguaggio, le abitudini, le conoscenze, lo stile di vita. Ne viene che: 1) noi siamo persona-relazioni; 2) noi siamo individuo-singolarità, sostanza non ulteriormente divisibile; 3) all'interno del nostro essere individuo possiamo attingere una sorta di soppalco interiore che ci permette di conoscere, giudicare e riformare noi stessi.

3. La complessa articolazione della libertà

La complessa esperienza cui rimanda il termine libertà affonda le radici nell'articolata costituzione del nostro essere evidenziata sopra: 1) in quanto persona-relazioni, noi sperimentiamo la libertà primariamente come indipendenza e autonomia dal mondo e dagli altri, cioè come liberazione, come *libertà-da*; 2) in quanto individuo-singolarità, noi sperimentiamo la libertà come indipendenza e autonomia da noi stessi nei nostri limiti e nelle nostre impurità, il che è una forma più raffinata e profonda di *libertà-da*; 3) in quanto individui in grado di conoscere e riformare se stessi, noi infine sperimentiamo la libertà come dedizione a qualcosa di più grande e più importante del nostro sé, sia questo un ideale politico o culturale o religioso o estetico, oppure un incontro con una o più persone (famiglia, comunità, movimento) o con un'istituzione; in ogni caso questo qualcosa di più grande diviene il termine di paragone per conoscerci, valutarci, riformarci, e ci fa sperimentare la libertà come *libertà-per*.

L'esperienza della libertà appare così consistere in un'esperienza di negazione (*libertà-da*) e in una di affermazione (*libertà-per*), e in ciò riproduce esattamente la medesima dinamica di chiusura e di apertura alla base del movimento del nostro cuore (che si contrae nella sistole e si espande nella diastole) e del movimento dei nostri polmoni (che si contraggono nell'espirazione e si espandono nell'inspirazione). Si tratta della medesima dinamica che governa ogni altro fenomeno vitale, a partire dalla cellula, la cui membrana è chiusura (protezione) e insieme apertura verso l'esterno (scambio); e della medesima dinamica che io intuisco possa essere alla base dell'universo, che, standο a quanto ci dice la fisica contemporanea, da un lato è guidato dalla legge della *espansione* che lo porta a essere ogni momento più grande, e dall'altro è attraversato nelle sue fibre dalla legge opposta della *aggregazione* che conduce l'energia caotica primordiale a costituirsi in enti materiali sempre più organizzati fino alla meraviglia della vita consapevole.

La nostra condizione di esseri dotati di libertà non può prescindere dalla logica naturale che governa il cosmo nel suo complesso e per questo riproduce la dialettica, non dualista ma duale, che io denomino caos + logos. In particolare per quanto attiene alla libertà: il caos è la liberazione o *libertà-da*, e il logos è la dedizione o *libertà-per*.

4. Luce e ombra

Si legge in Euripide: «Nulla c'è di privato tra gli amici, se sono amici, ma tutto è comune»,[4] un'affermazione che assegna il primato alla dimensione sociale dell'essere umano inteso come persona. Pur apprezzando il valore di questa prospettiva, credo che non vada mai tralasciato l'avvertimento di Montaigne: «Bisogna riservarsi un retrobottega tutto nostro, del tutto indipendente, nel quale stabilire la nostra vera libertà, il nostro principale ritiro e la nostra solitudine».[5]

Questo significa che oltre all'esposizione che ci proviene dal nostro essere persona, noi abbiamo bisogno anche dell'interiorità che ci proviene dal nostro essere individuo. Ol-

[4] Euripide, *Andromaca*, verso 375; ed. it. in Euripide, *Le tragedie*, a cura di Anna Beltrametti, tr. di Filippo Maria Pontani, Mondadori, Milano 2007, vol. II, p. 45.

[5] Michel de Montaigne, *Della solitudine*, in *Saggi* [1580]; ed. it. a cura di Fausta Garavini, Adelphi, Milano 1992, p. 315. Poco dopo Montaigne annota: «La più grande cosa del mondo è saper essere per sé», *ivi*, p. 317.

tre alle luci della ribalta sul palcoscenico della vita relazionale, abbiamo bisogno di rifugiarci nel «retrobottega tutto nostro» auspicato da Montaigne, del tutto analogo alla camera con la porta chiusa di cui parlava Gesù nel Discorso della montagna: «Tu invece, quando preghi, entra nella tua camera, chiudi la tua porta» (*Matteo* 6,6; traduzione mia).

Ha scritto Wittgenstein nei suoi *Quaderni*: «Dietro i nostri pensieri, veri e falsi, vi è sempre uno sfondo oscuro, che solo più tardi noi possiamo mettere in luce e formulare in pensiero».[6] È vero: vi è uno sfondo oscuro dietro i nostri pensieri e dietro la nostra vita, sia di noi in quanto persona, sia di noi in quanto individuo. Il pensiero da sempre è stato percepito come portatore di luce e anche dell'inizio della vita si dice «venire alla luce»; qualcosa però, sia esso pensiero o vita, può venire alla luce solo a partire dal buio. Se non entra in contatto con il fondo oscuro che è nascosto in noi (e che Jung definiva «Ombra»),[7] il pensiero è sterile, ripetitivo, esercitazione scolastica, mera funzione: pensiero-portavoce, pensiero-portaborse. Lo stesso vale per l'esistenza, perché pensiero ed esistenza sono strettamente collegati: per essere autentica, l'esistenza deve nutrirsi anche di oscurità, deve attingere alle profondità non razionali dell'energia oscu-

[6] Wittgenstein, *Quaderni 1914-1916*, in *Tractatus logico-philosophicus e Quaderni 1914-1916*, cit., p. 171 (l'annotazione è datata 8 dicembre 1914). L'attenzione su questa frase mi è stata richiamata da Ferruccio Parazzoli, *Eclisse del Dio Unico*, il Saggiatore, Milano 2012, p. 7.

[7] Ecco la definizione di Jung: «Col termine di *Ombra* intendo il lato "negativo" della personalità, e precisamente la somma delle caratteristiche nascoste, sfavorevoli, delle funzioni sviluppatesi in maniera incompleta e dei contenuti dell'inconscio personale»; da Carl Gustav Jung, *Psicologia dell'inconscio* [1943], tr. di Silvano Daniele, Bollati Boringhieri, Torino 2012, p. 116.

ra dentro di noi, la nostra più preziosa e insondabile sorgente vitale.

L'oscurità non permette la vita, troppa luce però uccide. Forse per questo è stato detto che «Dio è luce e in lui non c'è tenebra alcuna» (*1Giovanni* 1,5), ma nel contempo i grandi mistici hanno affermato che per incontrarlo occorre sperimentare il «raggio soprasostanziale della divina tenebra» (Dionigi Areopagita) ed entrare nella «notte oscura» (san Giovanni della Croce).[8] Lo stesso vale per l'amore, l'amicizia e ogni altro ambito esistenziale: ovunque la dialettica luce-buio va sapientemente esercitata. Abbiamo bisogno di uscire da noi stessi esponendoci alla luce delle relazioni tramite il nostro essere persona (*libertà-per*), ma nello stesso tempo abbiamo bisogno di rientrare in noi stessi nel buio della nostra profondità, custodendo la nostra solitudine, proteggendo la nostra *ultima solitudo* (*libertà-da*). È solo in questa dialettica di persona e individuo, di maschera e volto nudo, di palcoscenico e camera personale, che nasce e vive la libertà.

5. *Il percorso*

Nei paragrafi precedenti ho esposto la tesi al centro di questo libro, ovvero che essere liberi suppone il delicato

[8] Dionigi Areopagita, *Teologia mistica*, I,1000 A; ed. it. in *Tutte le opere*, a cura di Piero Scazzoso ed Enzo Bellini, Rusconi, Milano 1997[3], p. 407. Giovanni della Croce nella sua opera *Notte oscura* del 1618 ricorda proprio il passo citato: «San Dionigi e altri teologi mistici chiamano questa contemplazione infusa *raggio di tenebre*, tenebre per l'anima non illuminata e purificata, poiché dalla sua luce immensa soprannaturale viene vinta e annientata la forza naturale intellettiva», *Notte oscura*, II,5,3; ed. it. in *Opere*, tr. di padre Ferdinando di S. Maria O.C.D., Postulazione Generale dei Carmelitani Scalzi, Roma 1979, p. 407.

intreccio di solitudine e di relazione; ho illustrato l'articolazione di tale condizione in *libertà-da* e in *libertà-per*, cioè in un movimento di strappo e di liberazione e in un altro complementare di abbraccio e di dedizione; e infine ho sottolineato la necessità di nutrire tale complessa esperienza mediante momenti di luce e momenti di oscurità. Ora illustro il triplice percorso mediante cui argomenterò più approfonditamente la tesi enunciata.

Dapprima affronterò la questione che la mente umana si è posta fin dai primordi, ovvero se siamo davvero liberi in quanto capaci di autonomia e indipendenza, come pensava Socrate, o se invece al contrario siamo inevitabilmente determinati da costrizioni esteriori e interiori, come pensava Democrito. Ha scritto Einstein: «Io non credo nella libertà del volere. La frase di Schopenhauer: "L'uomo può sì fare ciò che vuole, ma non può volere ciò che vuole" mi accompagna in tutte le situazioni della vita».[9] Le cose stanno così come affermato da uno dei più grandi scienziati e da molti altri prima di lui? Per il momento qui mi limito a osservare che già l'affermazione di chi dice di sé di non essere libero richiede un tale distacco da sé per denominare il quale non penso sia improprio l'uso del termine libertà.

A seguire presenterò alcune indicazioni utili a intraprendere un percorso concreto di libertà. Essere liberi infatti è un'acquisizione che si ottiene mediante un processo e che come tale richiede un coraggioso lavoro. È anzitutto assenza di costrizioni, indipendenza, autono-

[9] Albert Einstein, *Il mio Credo*, 1932, testo originale tedesco in einstein-website.de, poi inglobato nella raccolta di scritti pubblicata nel 1934 ad Amsterdam con il titolo *Mein Weltbild* (La mia immagine del mondo) e nello stesso anno tradotta in inglese a New York con il titolo *The World as I See It* (*Il mondo come io lo vedo*). Di tale testo approfondirò più avanti l'analisi.

mia, *libertà-da*, condizione indispensabile mancando la quale è improprio parlare di libertà. Se però ci si limita a questa sola dimensione è facile cadere in una costrizione ancora più insidiosa della dipendenza da altri, cioè nella dipendenza dal proprio ego con le sue voglie, i suoi capricci, le sue idiosincrasie. Ne viene che accanto alla *libertà-da* esiste il livello della *libertà-per*, che nasce quando si vive per un ideale più grande del nostro piccolo ego. Grazie a essa le nostre voglie si trasformano in desiderio orientato, i nostri capricci in sicurezza del gusto, le nostre idiosincrasie in serena capacità di valutazione, giungendo infine a un io liberato dall'egoismo-egoità e diventato maturo centro di relazioni.

Tale *libertà-per* non deve però mai eliminare l'autonomia della *libertà-da*, la deve solo orientare. Anzi, di più: la deve fecondare. Se ci si spende per qualcosa di più grande di sé, non è per esserne svuotati e ritrovarsi privi della capacità di iniziativa personale, bensì per esserne arricchiti e vivificati, liberati dalle anguste pareti dell'ego. Tra i due passaggi si viene a costituire quindi una specie di circolo: dalla *libertà-da* alla *libertà-per* e viceversa dalla *libertà-per* alla *libertà-da*.

Infine nell'ultima parte esporrò alcune considerazioni sul modo con cui calcare e poi lasciare il palcoscenico della vita. A mio avviso infatti la vita di ognuno si risolve essenzialmente in una questione di stile, e più precisamente nella capacità di generare gioia dentro di sé e accanto a sé secondo lo stile della commedia, nella capacità di portare il dolore proprio e altrui senza farsene schiacciare secondo lo stile della tragedia, e da ultimo nella capacità di lasciare la scena con serenità all'approssimarsi della fine, quando verrà calato il sipario sulla nostra esistenza e non ci sarà più bisogno di maschere perché ognuno apparirà nel suo nudo essere al cospetto della logica del mondo che prenderà definitivamente possesso di noi, facendo cessare la nostra libertà in quanto *libertà-da* per far sussistere solo (se sarà stata coltivata) la *libertà-per.*

6. La posta in gioco

È decisivo infine comprendere che nella questione sulla possibilità di essere liberi la posta in gioco concerne l'idea di umanità e più in generale la visione complessiva del mondo. Ovvero: chi siamo? Qual è il senso del nostro essere qui? Cosa pensare di questo ammasso di energia e di materia detto mondo che ci ha portato all'esistenza mettendoci in condizione di poter essere, almeno in parte, liberi da esso?

Sostenere che in noi possa esistere quella condizione particolare detta libertà significa collocare l'umanità in una posizione del tutto singolare rispetto alla totalità degli altri viventi, coltivando una visione del mondo aperta alla trascendenza; negarla, al contrario, significa ricondurre interamente il fenomeno umano nel seno della natura, secondo una visione del mondo detta naturalismo o anche determinismo. Se la libertà esiste, il mondo è un sistema aperto. Se non esiste, il mondo è un sistema chiuso.

Io sostengo l'esistenza della libertà e coltivo una visione del mondo come *sistema aperto.* Le ricerche sulla libertà condotte in queste pagine intendono argomentare tale prospettiva al fine di custodire ciò che per me è il senso peculiare del nostro essere *umani*: né attori che recitano un copione scritto da un altro (sia esso Dio oppure la Natura), né autori-registi-attori di un testo totalmente autoreferenziale; piuttosto qualcosa che sta delicatamente nel mezzo e che è possibile denominare *libera volontà di armonia relazionale.* In una parola sola, *amore.*

7. *Origine e aporia del concetto di libertà*

Il metaforico tribunale del pensiero umano ha sostenuto a proposito della libertà le più diverse teorie, passare in rassegna le quali esula dallo scopo di questo piccolo saggio. Quanto però è doveroso richiamare è che il concetto di libertà nasce in Grecia in ambito politico. Una delle prime testimonianze al riguardo non proviene dalla filosofia ma dalla letteratura, precisamente dal più antico dei tragici, Eschilo, nella sua opera *I Persiani.* A Susa, capitale dell'impero, la regina Atossa, sposa del precedente imperatore Dario e madre del nuovo imperatore Serse, attende in preda a cattivi presagi il ritorno della spedizione militare del figlio contro la Grecia e per vincere l'attesa snervante chiede notizie sui nemici: se hanno un esercito forte, se posseggono ricchezze, se sono bravi con l'arco. Infine pone la domanda cruciale: «Chi è il loro padrone?». Le viene data la seguente risposta: «Si vantano di non essere schiavi di nessun uomo, sudditi di nessuno».[1] Con queste parole di Eschilo risalenti al 472 a.C. si inaugura in Occidente il concetto di libertà.

Eschilo però nelle sue opere presenta il più delle volte una concezione del mondo opposta, cioè all'insegna del-

[1] Eschilo, *I Persiani,* verso 242; ed. it. in Eschilo, *Le tragedie,* a cura di Monica Centanni, Mondadori, Milano 2003, p. 33.

la necessità: per esempio nei *Persiani* dice che Ate (la figlia di Zeus che personifica l'accecamento che induce all'errore) «spinge il mortale dentro la rete ben tesa»; oppure che «necessità costringe i mortali a sopportare sciagure»; oppure ancora che «chi diede inizio a tutto quel disastro fu la vendetta divina che non perdona, o un dèmone malvagio venuto da chissà dove»;[2] nell'*Agamennone* menziona «le potenze divine che prepotenti governano il sacro timone del cosmo»;[3] nelle *Coefore* scrive che «dobbiamo venerare il potere divino che il cielo governa».[4] Per Eschilo quindi gli esseri umani non sono liberi nel senso di indipendenti da potenze superiori, ma al contrario sottostanno a potenze più grandi a cui dover rendere conto, a un «giogo di necessità»[5] che sempre giudica, e spesso anche determina, il loro agire. E tuttavia egli dichiara che il suo popolo non volle sottostare alla potenza di gran lunga superiore dell'impero persiano che intendeva imporsi nel nome della cieca necessità della forza, e quanto a costituzione politica descrive i greci come uomini liberi, «sudditi di nessuno», oltre a essere consapevole del fatto che il dover sottostare a potenze più grandi non priva gli esseri umani del merito quando agiscono bene e della colpa quando agiscono male, come nei *Persiani* appare dalla differenza tra il saggio imperatore Dario e lo stolto figlio Serse. Il giogo della necessità non preclude quindi la responsabilità personale, la possibilità di rispondere alle circostanze in prima persona in un modo oppure in un altro, non preclude cioè la libertà.

[2] Eschilo, *I Persiani*, versi 100, 293, 353-354; cit., pp. 23, 37 e 41.
[3] Eschilo, *Agamennone*, versi 182-183; cit., p. 407.
[4] Eschilo, *Coefore*, verso 960; cit., p. 585.
[5] Eschilo, *Agamennone*, verso 218; cit., p. 409.

Da questa situazione scaturisce un intricato groviglio: da un lato l'incombere di una necessità che indipendentemente da tutto si impone sempre e comunque, dall'altro la reale esistenza di una libertà personale che vieta di ritenere gli esseri umani mere pedine mosse da forze estranee. Si sviluppa da qui la peculiarità del tragico quale appare nelle opere di Eschilo e poi di Sofocle e di Euripide, e in epoca moderna di Shakespeare, Lope de Vega, Racine, Schiller: cioè quel senso di vertigine che coglie il lettore nel constatare che i personaggi sono in parte responsabili perché liberi, e in parte innocenti perché imprigionati in una rete di circostanze che ne determinano fatalmente l'azione.

Ma ora io domando a me stesso: se non sono schiavo di nessuno in ambito politico, come i greci si vantavano di essere e io pure con loro, perché non dovrei essere libero anche a livello personale? Se invece a livello personale sono asservito ai miei istinti e ad altri condizionamenti, come molti oggi sostengono e io pure riconosco, perché dovrei pensarmi veramente libero in ambito politico?

Se non esiste una reale libertà a livello personale, è assai improbabile che possa esisterne una a livello politico, dove gli enormi interessi economici producono condizionamenti e messaggi subliminali di ogni tipo, comprano il pensiero di molti cosiddetti *opinionisti*, e imbastiscono permanenti campagne elettorali senza elezioni i cui seggi sono supermercati e *megastore*. E poi perché uno si dichiara di destra, l'altro di sinistra, l'altro ancora né di destra né di sinistra senza che neppure lui stesso sappia bene a destra o sinistra di che? È per aver compiuto un libero e spassionato esame di tutte le diverse proposte politiche, oppure è per un istinto irrazionale che prima porta a schierarsi da una parte e che solo dopo consente di valutare uomini e programmi sulla base dell'avvenuto schieramento? È quindi realmente possibile non essere «sudditi di nessuno» come Eschilo orgogliosamente descriveva il suo popolo?

8. La più classica e la più attuale opposizione

La contraddizione rilevata in Eschilo manifesta la classica opposizione di necessità e libertà, antica quanto il pensiero e riassumibile in questa alternativa:

– il mondo è un processo necessario e logico, e di conseguenza anche privo di libertà;

– il mondo è un processo libero e creativo, e di conseguenza anche privo di un disegno logico e sensato.

I filosofi si dividono tra chi assegna il primato alla necessità e al senso, e chi invece alla libertà e al non-senso. Tra le molte possibilità scelgo di presentare il pensiero di Cartesio e di Spinoza, i due sommi filosofi dell'inizio della modernità, entrambi esponenti di un filosofare così attento ai risultati della scienza da modellarsi sul metodo scientifico, in particolare sul rigore delle dimostrazioni geometriche.

Cartesio sosteneva come principio di palese evidenza il fatto che «noi abbiamo un libero arbitrio» fondandolo sulla possibilità di «frenare l'assenso nelle cose dubbie e così evitare l'errore»;[6] anzi, per lui «il fatto che vi sia libertà nella nostra volontà, e che ad arbitrio possiamo assentire o non assentire a molte cose, è manifesto al punto che è da annoverarsi fra le nozioni prime e del tutto comuni che ci sono innate».[7] E a chi affermava di essere

[6] René Descartes, *I princìpi della filosofia*, I,1 [1644]; tr. di Paolo Cristofolini, Bollati Boringhieri, Torino 1992, p. 77.

[7] *Ivi*, I,39, p. 91.

vittima di istinti e passioni più forti, ricordava: «Quando un cane vede una pernice è naturalmente portato a correre verso di essa; e quando ode un fucile sparare, il rumore lo incita naturalmente a fuggire; ma nondimeno si addestrano generalmente i cani da caccia in maniera che la vista di una pernice fa sì che si arrestino e il rumore che odono dopo, quando si spara su di essa, fa che accorrano. Ora, è utile sapere queste cose per dare a chiunque il coraggio di applicarsi a dominare le proprie passioni».[8]

Di contro Spinoza qualche anno dopo scriveva: «Gli uomini si ingannano nel ritenersi liberi, e questa opinione consiste solo in questo, che essi sono consapevoli delle loro azioni ma sono ignari delle cause da cui sono determinati [...]. Infatti, essi dicono che le azioni umane dipendono dalla volontà, ma sono soltanto parole di cui non hanno alcuna idea. Tutti ignorano infatti che cosa sia la volontà e in che modo faccia muovere il corpo».[9] E più avanti: «L'esperienza insegna più che a sufficienza che nulla gli uomini hanno meno in potere della propria lingua, e niente sono meno capaci di fare che moderare i propri desideri [...] così il delirante, la chiacchierona, il bambino e moltissimi altri uomini del genere credono di parlare per libero decreto della Mente, mentre invece non sono capaci di contenere l'impulso che hanno di parlare». Insomma «i decreti della Mente non sono altro che gli appetiti stessi e perciò variano a seconda della va-

[8] René Descartes, *Le passioni dell'anima*, art. 50 [1649]; ed. it. a cura di Ettore Lojacono, Tea, Milano 1994, p. 81.

[9] Baruch Spinoza, *Etica* [1677, postuma], parte II, prop. 35, scolio; ed. it. *Etica e Trattato teologico-politico*, a cura di Remo Cantoni e Franco Fergnani, Utet, Torino 2013, p. 165.

ria disposizione del Corpo», perché deve essere chiaro che «ognuno regola tutto secondo il proprio affetto».[10]

Io penso che ci troviamo al cospetto di ragionamenti persuasivi su entrambi i fronti. Le cose peraltro si complicano ulteriormente se prendiamo in considerazione la fisica contemporanea. Qui i grandi fisici, che per natura devono essere anche un po' filosofi,[11] come i grandi filosofi devono essere un po' fisici, si dividono: al campo della necessità appartiene Einstein con la teoria della relatività, al campo della libertà appartiene Bohr con la meccanica quantistica.

La teoria della relatività riguarda lo spazio-tempo, l'energia e la gravitazione, le stelle e le galassie; la meccanica quantistica riguarda il comportamento degli atomi e delle particelle subatomiche. La prima regna nell'infinitamente grande, la seconda nell'infinitamente piccolo. Ognuna nel suo ambito funziona alla perfezione, ma i fisici non sono in grado di conciliarle. Così scrive Brian Greene, fisico teorico della Columbia University: «Nel modo in cui sono oggi formulate, la relatività generale e la meccanica quantistica *non possono essere giuste entrambe.* Le due teorie responsabili del progresso straordinario della fisica nell'ultimo secolo, le teorie che spiegano l'espansione dei cieli e la struttura della materia, sono in-

[10] *Ivi*, parte III, prop. 2, scolio; cit., p. 194.

[11] Ha scritto uno dei più grandi scienziati del Novecento, Werner Heisenberg: «Ogni lavoro scientifico si sviluppa, consciamente o inconsciamente, a partire da un'impostazione filosofica, da una determinata struttura mentale, che fornisce al pensiero un fondamento stabile. Senza una simile impostazione, difficilmente i concetti e i nessi concettuali potrebbero conseguire quel grado di chiarezza e di univocità che è il presupposto di ogni lavoro scientifico», in *Introduzione* ad Albert Einstein - Max e Hedwig Born, *Scienza e vita. Lettere 1916-1955*, ed. it. a cura di Mauro Dorato, Mimesis, Milano-Udine 2015, p. XXVIII.

compatibili tra loro».[12] Così il fisico italiano Carlo Rovelli: «Eppure le due teorie non possono essere entrambe giuste, almeno nella loro forma attuale, perché si contraddicono l'un l'altra. Uno studente universitario che assista alle lezioni di relatività generale il mattino e a quelle di meccanica quantistica il pomeriggio non può che concludere che i professori sono citrulli, o hanno dimenticato di parlarsi da un secolo: gli stanno insegnando due immagini del mondo in completa contraddizione».[13]

La prima concezione interpreta l'universo all'insegna dell'ordine, ritenendo che esso si muova seguendo precise e determinate leggi fisiche che sono il prodotto di forze tra loro finemente sintonizzate, di modo che non vi è nulla di casuale ma tutto procede secondo una precisa necessità fisica. La *necessitas* alla guida del tutto, che per Einstein corrisponde ai principi matematici delle leggi della fisica, venne teorizzata fin dall'antichità e fu denominata *anánchē* dai greci, *fatum* dai latini, *karman* dagli hindu e dai buddhisti, mentre per i monoteismi corrisponde al Dio unico e personale che vede, prevede, provvede e il cui disegno inevitabilmente si compie.

La seconda concezione, oggi maggioritaria in Occidente, considera all'opposto il mondo come generato dal caso e governato dalla contingenza: in esso non c'è nessun principio, nessun senso, tanto meno uno scopo, se non un'enorme quantità di energia che genera e fa

[12] Brian Greene, *L'universo elegante. Superstringhe, dimensioni nascoste e la ricerca della teoria ultima* [1999], a cura di Claudio Bartocci, tr. di Luigi Civalleri e Claudio Bartocci, Einaudi, Torino 2000, p. 5.

[13] Carlo Rovelli, *Sette brevi lezioni di fisica*, Adelphi, Milano 2014[14], pp. 47-48. Il concetto è espresso nei medesimi termini dall'autore anche in *La realtà non è come ci appare. La struttura elementare delle cose*, Raffaello Cortina, Milano 2014, p. 129.

degenerare ogni ente, la quale era caos, è ancora caos, e sempre caos rimarrà.

Scrivendo al fisico Max Born, Einstein riassumeva così lo stato dell'arte: «Le nostre prospettive scientifiche sono ormai agli antipodi tra loro. Tu ritieni che Dio giochi a dadi col mondo; io credo invece che tutto ubbidisca a una legge, in un mondo di realtà obiettive che cerco di cogliere per via furiosamente speculativa. Lo credo fermamente [...]. Nemmeno il grande successo iniziale della teoria dei quanti riesce a convincermi che alla base di tutto vi sia la casualità, anche se so bene che i colleghi più giovani considerano quest'atteggiamento come un effetto di sclerosi. Un giorno si saprà quale di questi due atteggiamenti istintivi sarà stato quello giusto».[14]

Quel giorno auspicato da Einstein finora non è ancora arrivato e al momento non rimane che fare i conti con l'inconciliabilità teoretica tra teoria della relatività e meccanica quantistica. Essa mostra a mio avviso che probabilmente già nella struttura stessa della materia si radica l'antinomia che divide da sempre il pensiero umano tra i poli di disegno e caso, necessità e libertà, senso e assurdo, teleologia e contingenza, logos e caos. Fu probabilmente osservando tutto ciò che uno dei principali protagonisti della meccanica quantistica, il fisico danese Niels Bohr, giunse ad affermare con grande saggezza e lucidità: «Ci sono due tipi di verità: le verità semplici, dove gli opposti sono chiaramente assurdi, e le verità profonde, riconoscibili dal fatto che l'opposto è a sua volta una profonda verità».[15]

[14] Albert Einstein, lettera a Max Born del 7 settembre 1944, ora in Einstein - Born, *Scienza e vita*, cit., p. 176.

[15] Hans Bohr, *My Father*, pubblicato in *Niels Bohr: His Life and Work as Seen by His Friends and Colleagues*, a cura di Stefan Rozental, North Hol-

Ci troviamo così di fronte non a due vie, di cui una è vera e l'altra falsa, ma a una condizione strutturale della mente nel suo rapportarsi all'essere. E come la meccanica quantistica e la teoria della relatività, pur non essendo conciliabili tra loro, sono entrambe vere nel senso che entrambe descrivono adeguatamente la realtà, così, allo stesso modo, i concetti di libertà e di necessità, pur non essendo teoreticamente conciliabili tra loro, interpretano entrambi una dimensione della realtà in modo veritiero.

Emerge da qui l'esigenza di una prospettiva di pensiero che sappia cogliere tale *doppia ragione*, sapendo sostenere al contempo sia la sensatezza e la logicità dell'essere, perché, come affermava Einstein, «Dio non gioca a dadi con il mondo»,[16] sia la contingenza e la mancanza di un disegno lineare, perché, come affermava Eraclito, «il tempo è un fanciullo che gioca spostando i dadi».[17] Ma è possibile configurare un metodo all'altezza di questo compito? In realtà la mente umana vi è giunta da secoli tramite il suo procedere denominato *dialettica*.

land Publishing Co., Amsterdam 1967; John Wiley, New York 1967, p. 328. Testo originale: «There are two sorts of truth: trivialities, where opposites are obviously absurd; and profound truths, recognized by the fact that the opposite is also a profound truth».

[16] «La natura non conosce il caso, essa opera sulla base di principi matematici. Come ho detto molte altre volte, Dio non gioca a dadi con il mondo», in William Hermanns, *Einstein and the Poet*, Branden Press, Brooklin Village 1983, p. 58. La frase di Einstein risale a una conversazione con l'autore del libro avvenuta a Princeton nell'agosto 1943.

[17] Il detto di Eraclito in Diels-Kranz 22 B 52; ed. it. *I Presocratici. Testimonianze e frammenti*, a cura di Gabriele Giannantoni, Laterza, Roma-Bari 1990[4], vol. I, p. 208.

9. Metodo: la dialettica. Risultato: l'antinomia

Il metodo più adeguato per avvicinarsi alla comprensione del reale, e da qui a un rapporto autentico con esso, è a mio avviso ciò che in filosofia si chiama *dialettica.* Il termine deriva dal verbo greco *dialégomai* (formato dalla preposizione *diá* e dal verbo *légo,* la cui radice *lg* è la medesima di *logos* e di altre parole fondamentali) e rimanda al dialogo, o per meglio dire all'arte del dialogare, cioè a quell'uso del logos in quanto parola o linguaggio che non è semplice conversazione né tanto meno chiacchiera, ma esposizione e richiesta di argomenti, e che perciò non teme di trasformarsi in confutazione quando gli argomenti dell'interlocutore appaiono deboli o inesistenti. Si tratta di un uso della parola che ha lo scopo non di passare il tempo ma di indagare il tempo, e con esso il senso del nostro passare al suo interno.

Questa disposizione della mente nasce dalla disponibilità della volontà a muoversi, ovvero dalla libertà interiore che non è legata pregiudizialmente a nulla se non al desiderio di procedere il più onestamente possibile, e quindi intende assumere ora un punto di vista ora un altro al fine di scorgere i diversi lati del problema e così non perdere nessun frammento della realtà. Ma la dialettica raggiunge la sua massima profondità quando diventa esigente dialogo interiore, dibattito di sé con sé, secondo l'ammonimento di Kant: «È dentro noi stessi che dobbiamo cercare l'avversario».[18] Oscar Wilde affermò a modo suo la medesima cosa: «Le persone bene

[18] Immanuel Kant, *Critica della ragion pura* [1781], B 805 A 777; ed. it. a cura di Pietro Chiodi, Utet, Torino 2005, p. 590.

educate contraddicono gli altri; i saggi contraddicono se stessi».[19]

Praticando il metodo dialettico, la mente sperimenta l'impossibilità di *comprendere* il reale nel senso radicale del termine, l'impossibilità cioè di prendere-con, di afferrare e quindi di immobilizzare la realtà della vita. La vita appare al contrario simile all'acqua: mobile, fluida, inafferrabile. Così insegna il *Tao Te Ching*, con parole di 2500 anni fa: «Il bene più alto è simile all'acqua».[20] Il contatto della mente con la vita effettivamente si dà, e come l'acqua bagna, così la vita lascia i segni del suo passaggio, bagnando e asciugando, scaldando e raffreddando, sempre comunque inafferrabile nella sua essenza. Così, coloro che amano la verità della vita più delle dottrine nella loro rassicurante staticità, e che non temono di ritrovarsi soli ma hanno il coraggio di essere liberi, capiscono che non devono limitarsi a un unico punto di vista ma praticare un pensiero mobile, tale da circondare l'oggetto da tutti i lati e ottenere conoscenza per contatto reale.

Qual è però il risultato a cui conduce questo procedere del pensiero? Il più delle volte è il medesimo dei primi dialoghi platonici, quelli nei quali l'influsso di Socrate è predominante e che per questo sono detti *socratici*: l'aporia, o, per meglio dire, «il sapere di non sapere».[21]

[19] Oscar Wilde, *Frasi e filosofie a uso dei giovani* [1891], in *Opere*, a cura di Masolino d'Amico, Mondadori, Milano 1979, p. 1309.

[20] Lao-tzu, *Tao Te Ching*, 8; ed. it. *Tao Te Ching. Una guida all'interpretazione del libro fondamentale del taoismo*, a cura di Augusto Shantena Sabbadini, Feltrinelli, Milano 2013², p. 93.

[21] Strutturati come ricerca sull'essenza dei grandi valori, i primi dialoghi in senso cronologico di Platone, detti anche *socratici*, si chiudono in modo aporetico. L'*Eutifrone* si interroga sulla santità, il *Carmide* sulla saggezza, il *Lachete* sul coraggio, il *Liside* sull'amicizia, l'*Ippia maggiore* sulla bellezza. Per quanto concerne il sapere di non sapere, cfr. *Apologia* 21 B-D.

Chi ha colto alla perfezione questo stato di cose in epoca moderna è stato Kant. Le quattro antinomie della ragion pura da lui delineate (sulla dimensione del cosmo, sulla struttura della materia, sul dilemma libertà-necessità, sull'esistenza di Dio), alle quali il filosofo affianca l'antinomia della ragion pratica sul rapporto disarmonico tra felicità e virtù in questo mondo,[22] sono l'attestazione teoreticamente più incisiva della conclusione cui è destinato il pensiero quando si misura con la fluida realtà della vita. Per quanto concerne in particolare la questione della libertà, Kant vide, benché fosse un fervente sostenitore della libertà a livello pratico, che dal punto di vista teoretico vi sono ragioni equivalenti per sostenere sia la tesi della sua esistenza sia l'antitesi della sua negazione.

Ecco il testo della terza antinomia della ragione pura:

– tesi: «La casualità in base a leggi di natura non è l'unica da cui sia possibile far derivare tutti i fenomeni del mondo. Per la loro spiegazione si rende necessaria l'ammissione anche di una casualità mediante libertà»;

– antitesi: «Non c'è libertà alcuna, ma tutto nel mondo accade esclusivamente in base a leggi di natura».[23]

Il giovane Hegel, quando a livello teoretico stava sotto l'influsso kantiano, nella prima delle dieci tesi per l'abilitazione sintetizzò in modo mirabile la questione: *Contradictio est regula veri, non contradictio falsi* («La contraddizione è la regola del vero, la non contraddizione del falso»).[24]

[22] Cfr. Kant, *Critica della ragion pura*, B 454 A 426 - B 489 A 461, cit., pp. 366-395; e *Critica della ragion pratica* [1788], A 204-205; ed. it. in *Critica della ragion pratica e altri scritti morali*, a cura di Pietro Chiodi, Utet, Torino 2006, pp. 260-261.

[23] Kant, *Critica della ragion pura*, B 472-473, A 444-445, cit., pp. 382-383.

[24] Georg W.F. Hegel, *Habilitationsthesen* [1801], in *Jenaer Schriften 1801-1807*, Suhrkamp, Frankfurt am Main 1986, p. 533.

Più di un secolo dopo, nel 1914, nella Russia che presto avrebbe vissuto la rivoluzione comunista e il conseguente totalitarismo, un altro grande pensatore, matematico di formazione, poi teologo e sacerdote ortodosso, Pavel Florenskij (ucciso nel 1937 dopo cinque anni di gulag in uno di quegli stermini di massa detti *purghe staliniane*), giunse a sostenere la medesima prospettiva: «Una formula intellettuale può essere superiore agli attacchi della vita solo se accoglie in sé tutta la vita, con tutte le sue varietà e le contraddizioni presenti e future. Una formula intellettuale può essere verità solo se prevede tutte le obiezioni. Ma per prevedere tutte le obiezioni bisogna assumerle [...]. Ne deriva che la verità è un giudizio che racchiude in sé anche il limite, che la verità è un giudizio autocontraddittorio [...]. La verità è contraddizione per il raziocinio [...]. Tesi e antitesi costituiscono insieme l'espressione della verità; in altre parole la verità è antinomica e non può non essere tale».[25]

Una trentina di anni dopo, tra il 1941 e il 1942, nella Francia occupata dal totalitarismo nazista, Simone Weil, filosofa platonica e cristiana, affermava nei suoi quaderni il «pensiero simultaneo delle verità contraddittorie», consapevole che solo così si entra in possesso dello strumento per far ascendere il pensiero a un livello superiore: «L'unione dei contraddittori in quanto tenaglie per afferrare l'inafferrabile». E ancora: «La verità si produce al contatto di due proposizioni nessuna delle quali è vera; è vero il loro rapporto». Simone Weil annotava inoltre che di solito gli esseri umani scelgono l'una o l'altra prospettiva perché non sanno sostenere la contraddizione,

[25] Pavel Florenskij, *La colonna e il fondamento della verità* [1914], tr. di Pietro Modesto, Rusconi, Milano 1998, pp. 194-195.

in quanto abbisognano della sicurezza emotiva conferita dalla razionalità. E aggiungeva: «La contraddizione non è pensata senza uno sforzo di attenzione. Perché senza questo sforzo si pensa l'uno o l'altro dei contrari, non i due insieme, e soprattutto non i due insieme in quanto contraddittori. D'altra parte la contraddizione è ciò di cui il nostro pensiero tenta di sbarazzarsi».[26]

Io propendo per l'esistenza della libertà e argomento a suo favore sia in campo filosofico, dove mi schiero contro il determinismo, sia in campo teologico, dove mi schiero contro quella forma particolare di determinismo che è la predestinazione divina (dottrina che ha come presupposto la corruzione della libertà in seguito al peccato commesso da Adamo ed Eva e trasmesso a tutti noi, il cosiddetto *peccato originale*). Proprio per questo però, dialetticamente consapevole della natura antinomica del reale, ritengo opportuno approfondire la posizione contraria alla mia. È quanto farò nei prossimi tre paragrafi, dapprima mostrando alcune ragioni che mettono in crisi il concetto di libero arbitrio (par. 10) poi analizzando l'aporia sulla libertà presente nella dottrina cattolica (par. 11), infine approfondendo le argomentazioni contro la libertà prodotte da Albert Einstein (par. 12).

10. La libertà prigioniera

Colui che nega il libero arbitrio si potrebbe rivolgere a colui che l'ammette dicendo più o meno così: «Amico mio, nessun dubbio sul fatto che tu abbia la libertà di poter fare una cosa oppure l'altra, ma questa tua volontà po-

[26] Simone Weil, *Quaderni*, vol. III, quaderno VIII [1942]; ed. it. a cura di Giancarlo Gaeta, Adelphi, Milano 1995², pp. 53, 74, 75 e 44.

tenzialmente libera di fare tutto, cosa vuole *in concreto*? L'oggetto del tuo volere chi lo determina? Sei tu stesso a determinarlo, o al contrario è esso a determinare te, poiché tu ne sei irresistibilmente attratto? Sei tu il soggetto e ciò che vuoi è l'oggetto, o al contrario ciò che vuoi è il soggetto e tu ne sei l'inconsapevole oggetto e spesso anche la vittima? Sei veramente libero o sei solo un prigioniero cui è stata concessa la libertà di scegliersi la prigione?».

In effetti a chi riflette sul concetto di libero arbitrio si prospettano non poche obiezioni, di cui le principali a mio avviso sono le seguenti: a) la dittatura del desiderio; b) la storia sanguinosa della libertà; c) la paura degli uomini di essere liberi.

La prima obiezione sostiene che la libertà, intendendo con essa l'energia indeterminata che considera ogni essere umano come potenzialmente in grado di scegliere una cosa o l'altra, viene di fatto così fortemente attratta dall'oggetto desiderato da esserne determinata, vincolata, persino costretta. Si dà in un certo senso quella situazione che Oscar Wilde descriveva con la sua consueta paradossale ironia: «Resisto a tutto, ma non alla tentazione».[27] Prendiamo la più potente delle tentazioni, l'amore: in esso è plateale l'ambiguità e la prigionia della libertà. Più grande e più potente di noi, l'amore è sempre una forza irresistibile, può soggiogare e di fatto soggioga le nostre vite, e per questo i greci ne parlavano come di una divinità. Che libertà ha chi è innamorato? Che libertà ha una madre di fronte ai figli? Si è sempre sottomessi a ciò che si ama. L'amore è più forte, quindi è anche una prigione della libertà, e significativamente colo-

[27] Oscar Wilde, *Il ventaglio di Lady Windermere* [1892], atto I; in *Opere*, cit., p. 582.

ro che hanno posto al centro delle loro aspirazioni l'indipendenza e l'autocontrollo hanno sempre messo in guardia dall'esperienza dell'amore consigliando di evitarlo, o perlomeno di neutralizzarlo, mediante l'atteggiamento della *apatia* (gli stoici) o della *santa indifferenza* (Ignazio di Loyola).[28] Ma quello che vale per l'amore vale in realtà per ogni altra grande passione che ci attrae e che attraendoci ci determina e ci modella: vale per il potere, la ricchezza, il sapere, la bellezza.

La seconda obiezione riguarda l'esercizio concreto della libertà quale si dà nella grande e nella piccola storia. La libertà, la cui comparsa sulla scena cosmica può persino essere considerata il fine dell'evoluzione, non appena si presenta in questo mondo appare impura, egoista, violenta, talora assassina, il più delle volte grossolana, superficiale, stupida. La Bibbia descrive a suo modo questa situazione da un lato proclamando l'essere umano «a immagine di Dio» (*Genesi* 1,27), dall'altro affermando a poca distanza che «l'istinto del cuore umano è incline al male fin dalla adolescenza» (*Genesi* 8,21). Facendo uso del linguaggio del mito, la Bibbia presenta un giudizio assai critico della storia umana attribuendo al primo assassino, Caino, la fondazione della prima città, e ai suoi diretti discendenti lo sviluppo della civiltà tramite allevamento degli animali, invenzione degli strumenti

[28] Ha scritto uno dei più profondi conoscitori dello stoicismo: «La meta ultima è la piena libertà dalle affezioni, l'apatia [...]. Nel complesso l'apatia stoica non è così glaciale come la presentano gli avversari, e tuttavia conserva un'impronta negativa, e cercheresti invano in essa l'ottimistica, positiva gioia di vivere», in Max Pohlenz, *La Stoa. Storia di un movimento spirituale* [1943], tr. di Ottone De Gregorio, Bompiani, Milano 2005, pp. 307 e 309. Così Ignazio di Loyola: «È necessario renderci indifferenti rispetto a tutte le cose create», *Esercizi spirituali,* 23,5; ed. it. a cura di Gaetano Piccolo, Garzanti, Milano 2016, p. 59.

musicali, lavorazione dei metalli, forse anche prostituzione (cfr. *Genesi* 4,17-22).[29] Il Prologo del Quarto vangelo ribadisce a sua volta il concetto: «Il mondo fu fatto per mezzo di lui, eppure il mondo non lo riconobbe; venne tra la sua gente, ma i suoi non l'hanno accolto» (*Giovanni* 1,10-11).

Anche l'altra grande radice dell'Occidente, quella greca, presenta nei suoi testi fondativi la medesima cupa visione della storia e quindi della libertà che ne è la protagonista. Nell'*Iliade* non ci sono buoni o cattivi ma solo prigionieri, corpi soggiogati dall'impero della forza, «la forza che piega gli uomini, la forza dinnanzi alla quale si ritrae la carne degli uomini» e da cui «nasce l'idea di un destino sotto il quale i carnefici e le vittime sono del pari innocenti, i vincitori e i vinti fratelli nella stessa miseria».[30] Esiodo parla dell'inizio della storia in termini di età dell'oro, ma aggiunge che con il procedere del tempo si ebbe una progressiva decadenza che portò dapprima all'età dell'argento, poi all'età del bronzo, poi all'età degli eroi e infine all'età del ferro, l'attuale: «Mai io avrei voluto trovarmi con la quinta stirpe di uomini: ma o prima morire o nascere dopo. Ora, infatti, è la stirpe di ferro: né mai di giorno cesseranno di distruggersi per la fatica e per la pena, né mai di notte».[31]

Si tratta solo di miti passati? L'epoca moderna, apertasi con il desiderio di rappresentare la consacrazione della libertà, ha finito per generare le più inaudite mostruo-

[29] Il probabile riferimento alla prostituzione è la presenza tra i discendenti di Caino di Naamà, che significa «la piacente» e che nella Cabbala è uno dei quattro angeli della prostituzione.

[30] Simone Weil, *L'«Iliade» poema della forza* [1939-1940], tr. di Cristina Campo, in *La Grecia e le intuizioni precristiane*, Borla, Roma 2008[3], pp. 9 e 21.

[31] Esiodo, *Le opere e i giorni*, vv. 175-177; tr. di Lodovico Magugliani, Bur, Milano 1988, pp. 105-107.

sità. La rivoluzione francese sorse al grido di «libertà, uguaglianza, fraternità» e si chiuse nel bagno di sangue del periodo detto Terrore, la «più fredda e più piatta morte senza altro significato che quello di tagliare una testa di cavolo», come solo qualche anno dopo ne scriveva Hegel.[32] Kant, che cinque anni prima della rivoluzione francese aveva scritto le più belle parole sull'illuminismo come genesi della libertà («l'illuminismo è l'uscita dell'uomo dallo stato di minorità che egli deve imputare a se stesso»),[33] proprio durante il periodo del Terrore compose un saggio sul male radicale che distorce la nostra natura a causa di quella condizione che chiamiamo libertà.[34] Il Novecento, culmine dell'epoca moderna, non ha lasciato un solo record da battere a proposito di guerre mondiali e genocidi finendo per consumare la stessa idea di modernità, come appare dal fatto che oggi si parla di *postmodernità*, anche se non è chiaro a nessuno che cosa con questo termine effettivamente si dica. Se poi dalla considerazione della grande storia passiamo all'analisi delle piccole storie quotidiane, la situazione non cambia: si tratti di cronaca nera o di cronaca rosa, il clima maleodorante che circonda l'agire umano può solo mutare di quantità, non di qualità. In che senso quindi siamo liberi? Aveva forse ragione Agostino a sostenere che non siamo nient'altro che una massa di corpi impu-

[32] Georg W.F. Hegel, *Fenomenologia dello spirito* [1807], VI,B,3, 154; tr. di Enrico De Negri, La Nuova Italia, Firenze 1988[6], vol. II, p. 130.

[33] Immanuel Kant, *Risposta alla domanda: Che cos'è l'illuminismo?* [1784], ed. it. in *Scritti politici e di filosofia della storia e del diritto*, tr. di Gioele Solari e Giovanni Vidari, ed. postuma a cura di Norberto Bobbio, Luigi Firpo e Vittorio Mathieu, Utet, Torino 1995[3], p. 141.

[34] Cfr. Immanuel Kant, *Del male radicale nella natura umana* [1792], in *La religione entro i limiti della semplice ragione* [1793], ed. it. a cura di Massimo Roncoroni e Vincenzo Cicero, Rusconi, Milano 1996, pp. 71-149.

ri e di anime vuote destinata alla perpetua dannazione, una *massa damnata*?[35]

Ma c'è di più, ed è la terza obiezione. Analizzando con disincanto l'umanità, non solo si osserva la sua condizione di schiavitù, ma si intuisce l'amara verità che di tale schiavitù gli esseri umani spesso *desiderano* essere preda. Essi non vogliono la libertà, desiderano piuttosto essere servi degli idoli luccicanti che la storia volta per volta propone. Il vitello d'oro che gli ebrei si costruirono nel deserto è il simbolo della vera potenza che non ha mai cessato di essere alla testa dell'umanità: non il Dio invisibile che richiama al bene e alla giustizia, ma l'idolo visibile e tangibile che promette potere e piacere. Fëdor Dostoevskij ha espresso tutto ciò in modo indimenticabile nella *Leggenda del Grande Inquisitore*, collocata all'interno del suo ultimo e più celebre romanzo, *I fratelli Karamazov*.

Siamo nella Spagna del XVI secolo e il grande inquisitore di Siviglia, «un vecchio sui novant'anni, alto e diritto, con un volto scarno e occhi incavati da cui tuttavia si sprigiona ancora un lucente bagliore», riconosce Gesù tornato sulla Terra. All'istante lo fa imprigionare nel carcere dell'Inquisizione, dove la notte gli tiene una vera e propria lezione di filosofia del potere e della psiche umana. C'è infatti qualcosa di decisivo da comprendere, sostiene il cardinale, un sapere che è «il massimo segreto di questo mondo», gestendo il quale si tengono nelle mani le redini del potere. Esso consiste nella consapevolezza che gli esseri umani sono tutti mossi da un angoscioso interrogativo: «Dinnanzi a chi inchinarci?». Per loro «non esiste preoccupazione più costante e penosa che cercare al più presto qualcuno dinanzi a cui inchinarsi»:

[35] Agostino d'Ippona, *De civitate Dei*, XXI,12; ed. it. *La città di Dio*, a cura di Luigi Alici, Rusconi, Milano 1992[3], p. 1085.

è questo il «fondamentale segreto della natura umana». Segue il sarcastico rimprovero rivolto al prigioniero di non aver capito nulla e di aver fatto esattamente il contrario: «Invece di impossessarti della libertà umana, l'hai moltiplicata, aggravando in eterno con i tormenti della libertà il regno spirituale dell'uomo».[36] La libertà infatti per gli esseri umani è un tormento di cui sbarazzarsi il prima possibile vendendola al miglior offerente.

Il cardinale grande inquisitore sa bene che gli uomini dicono a parole di voler essere liberi, ma sa anche che poi, siccome si tratta di un duro lavoro che impone un'incessante fatica della mente, non vedono l'ora di trovare qualcuno o qualcosa cui consegnare la propria libertà e smettere così di faticare. Il gravoso esercizio della libertà infatti impone solitudine e per questo, vista la sua natura sociale, «nulla mai è stato per l'uomo e per la società più intollerabile della libertà».

Dice bene il grande inquisitore? È un dato di fatto: gli esseri umani hanno a disposizione i libri e le idee che potrebbero liberarli, ma i più non se ne curano. Le televisioni, i film, i libri, i giornali e tutto ciò che produce intrattenimento a grandi e pervasivi livelli, tanto più funziona quanto più fa appello agli istinti bassi, spesso volgari. C'è un bisogno innegabile di idoli, lo si vede dall'adorazione che circonda i personaggi dello spettacolo e dello sport. Vogliamo poi parlare delle dipendenze che si chiamano alcol, tabacco e droghe di vario tipo? Talora persino quei pochi che conoscono e diffondono i libri e le idee che possono condurre alla liberazione non cercano la propria e l'altrui liberazione, ma solo altro sapere,

[36] Fëdor Dostoevskij, *Il Grande Inquisitore* [1880], tr. di Serena Vitale, Salani, Milano 2010, pp. 19, 29 e 31. All'interno dei *Fratelli Karamazov* il testo del Grande Inquisitore è nel libro V, capitolo V.

altra ricchezza, altro potere, finendo per generare altra schiavitù.

Ma non è incredibile? Proprio l'espressione di quella realtà che si può identificare con lo scopo del mondo, cioè il lavoro dell'energia primordiale che giunge a essere consapevole di sé; proprio il portatore dello spirito libero in quanto mente che sa e che vuole, e che in questo sapere e volere trova la sua identità; proprio questo stupefacente fenomeno di organizzazione e di complessità che si autodefinisce *Homo sapiens* e che risplende per la sua libertà, è anche autore delle cose più orribili e più stupide, intrappolato nella più cupa prigionia. Esiste un aggettivo adeguato per questa contraddizione?

11. Il dilemma della libertà nel cattolicesimo

La contraddizione evidenziata sopra si riflette tale e quale nella posizione tutt'altro che coerente del cattolicesimo sulla libertà. Per la dottrina cattolica l'esistenza della libertà e il suo effettivo esercizio in quanto *libero arbitrio,* cioè capace di autonoma e responsabile decisione, è un punto fermo. Dice il Catechismo attualmente in vigore: «In virtù della sua anima e delle sue potenze spirituali d'intelligenza e di volontà, l'uomo è dotato di libertà, segno altissimo dell'immagine divina» (art. 1705). Per il cattolicesimo la libertà di cui l'essere umano dispone lo rende capace di agire responsabilmente in prima persona, sicché ognuno «grazie alla ragione è capace di comprendere l'ordine delle cose» e «grazie alla volontà è capace di orientarsi da sé al suo vero bene» (art. 1704; cfr. anche artt. 1779-1782).

Nella storia del pensiero cristiano però questa affermazione della libertà umana non è mai stata pacifica, soprattutto quando si è trattato di stabilirne la consistenza concreta in relazione a Dio. La domanda è: l'uomo gode di libera decisione anche in riferimento a Dio e al suo disegno, oppure, quando si tratta di Dio e della sua onnipotenza, la libertà umana diminuisce fin quasi a scomparire? Il Catechismo sostiene entrambe le cose: da un lato che l'uomo «è capace di orientarsi da sé al suo vero bene» (art. 1704), dall'altro che «l'iniziativa divina nell'opera della grazia previene, prepara e suscita la libera risposta dell'uomo» (art. 2022).

Si tratta di due affermazioni che evidentemente non sono tra loro componibili. Se infatti la libertà dell'uomo è *prevenuta, preparata* e *suscitata* dalla grazia, in che senso si orienta da sé? Un reale auto-orientamento suppone reale autonomia, ma questa non può esserci in presenza di un'azione esterna che «previene, prepara e suscita». Tuttavia la dottrina cattolica non ha mai rinunciato ad affermare l'effettiva libertà, e la conseguente responsabilità, di cui godono gli esseri umani, i quali quindi possono essere legittimamente premiati per i loro meriti e puniti per le loro colpe.

La prova più efficace della contraddizione sulla libertà che si trova al cuore della dottrina cattolica proviene dalla storia della teologia, dominata dall'incapacità di sciogliere il nodo del rapporto tra libertà umana e grazia divina. Io qui non mi addentrerò nelle numerose e incandescenti polemiche teologiche, di cui le principali furono quella di Agostino contro Pelagio e i suoi discepoli Celestio e Giuliano di Eclano, quella di Lutero contro Erasmo da Rotterdam, quella del domenicano Bañez contro il gesuita de Molina con il coinvolgimento dei rispettivi ordini religiosi e della Santa Sede che cercò vanamente una mediazione, quella dei giansenisti di Port Royal e di Pascal contro i gesuiti. Mi limiterò piuttosto a presentare il luogo in cui la contraddizione si manifesta per la prima volta all'interno del cristianesimo, cioè la polemica neotestamentaria tra l'apostolo Paolo e l'apostolo Giacomo, fratello di Gesù, come ci fa sapere lo stesso Paolo che in *Galati* 1,19 definisce Giacomo «il fratello del Signore».[37]

Secondo Paolo «l'uomo è giustificato per la fede indipendentemente dalle opere della legge» (*Romani* 3,28), come appare da Abramo che «se è stato giustificato per le opere non ha di che gloriarsi davanti a Dio» (*Romani* 4,2): per Paolo, e per la tradizione che a lui si ispirerà, la libera decisione dell'uomo e le opere che ne conseguono non hanno valore in ordine al destino eterno dell'uomo. Nel suo unico scritto giunto fino a noi Giacomo dice esattamente l'opposto: «Abramo nostro padre fu giustificato per le opere, quando offrì Isacco, suo figlio, sull'altare» (*Giacomo* 2,21). Giacomo intende certo conciliare fede e opere, grazia e libertà (scrive in 2,24 che «l'uomo viene giustificato in base alle opere e non solo in base alla fede») ma lo fa assegnando incontestabilmente il primato alle opere e alla responsabile libertà che le produce, come appare evidente quando afferma che se uno dice di avere la fede ma non ha le opere, quella fede non può salvarlo: «A che serve, fratelli miei, se uno dice di avere la fede, ma non ha le opere?» (*Giacomo* 2,14). Quindi non ci si deve sorprendere se Giacomo, rivolgendosi

[37] Spesso in ambiente ecclesiastico si interpreta il passo come se Paolo avesse voluto dire «cugino», ma il termine greco *adelphós* non lascia dubbi; se Paolo avesse voluto dire cugino, avrebbe usato *anepsiós*, come effettivamente fa in *Colossesi* 4,10 a proposito di Marco, «cugino di Barnaba». Vi è inoltre la testimonianza del Vangelo più antico che definisce Gesù «il falegname, il figlio di Maria e fratello di Giacomo, Ioses, Giuda e Simone» (*Marco* 6,3).

polemicamente all'apostolo Paolo o a un suo discepolo, conclude: «Ma vuoi capire, insensato, che la fede senza le opere non ha valore?» (*Giacomo* 2,20).

A partire da questa polemica tra due protagonisti del cristianesimo originario, l'intera teologia cristiana della libertà appare segnata (esattamente come la filosofia) dalla logica dell'antinomia: da un lato coloro che privilegiano la necessità divina, cioè Paolo, Agostino, la teologia francescana nominalista, Lutero, Bañez, Giansenio, Pascal, Kierkegaard, Barth; dall'altro coloro che privilegiano la libertà umana, cioè Giacomo e in genere il pensiero ebraico, Origene, Pelagio, Tommaso d'Aquino, Erasmo, Luis de Molina e la teologia dei gesuiti, Bonhoeffer, Teilhard de Chardin. Questa divisione si riflette nell'attuale dottrina cattolica, come dimostrano le affermazioni contraddittorie del Catechismo riportate all'inizio di questo paragrafo: l'articolo 2022 che sostiene il primato assoluto della grazia e l'articolo 1704 che sostiene l'effettiva consistenza della libertà e della responsabilità umane.

12. Il determinismo di Einstein

La versione moderna del determinismo è a mio avviso sintetizzabile in queste tre affermazioni: 1) tutto è natura; 2) tutto nella natura è causato necessariamente da leggi universali; 3) la natura può essere conosciuta perfettamente dalla matematica, perché anch'essa è ultimamente matematica. Una delle più celebri formulazioni di questa visione del mondo proviene da Pierre-Simon Laplace, matematico, fisico, astronomo, con queste parole risalenti al 1820:

Dobbiamo considerare lo stato presente dell'universo come l'effetto del suo stato anteriore e come la causa di quello futuro. Un intelletto che, a un determinato istante, conoscesse tutte le forze di cui la natura è animata e la rispettiva situazione degli esseri che la compongono, abbraccerebbe in un'unica formula i movimenti dei corpi più grandi dell'universo e quelli degli atomi più leggeri; per un tale intelletto nulla sarebbe incerto, e il futuro come il passato sarebbe presente ai suoi occhi.[38]

Oggi si ritiene che questa posizione sia superata in forza del «principio di indeterminazione» enunciato nel 1927 da Werner Heisenberg, che, stabilendo l'impossibilità di conoscere nello stesso tempo la posizione e la velocità di una particella, rappresenta la fine, come dice lo stesso nome di *indeterminazione*, del determinismo. Non penso però sia lecito escludere del tutto che l'avanzare della scienza possa giungere a presentare altri elementi in base a cui coltivare una visione della natura nuovamente all'insegna del determinismo, e di conseguenza non è al livello dell'infinitamente piccolo che si può affrontare adeguatamente la questione della libertà, ma è salendo più in alto, là dove la libertà è effettivamente all'opera, cioè nella coscienza umana. E in questa prospettiva discuto il pensiero del più grande scienziato del Novecento, Albert Einstein.

Seguace di Spinoza, Einstein fu un convinto sostenitore del determinismo, come ho già ricordato all'inizio di questo saggio. Ora riprendo più diffusamente il suo pen-

[38] Pierre-Simon Laplace, *Théorie analytique des probabilités*, Prefazione alla terza edizione, 1820; testo originale francese in *Enciclopedia filosofica*, Fondazione Centro Studi Filosofici di Gallarate-Bompiani, Milano 2006, p. 6223.

siero quale viene espresso in un ampio discorso intitolato *Mein Glaubensbekenntnis*, «Il mio Credo», composto alla fine dell'agosto 1932:

> Io non credo nella libertà del volere. La frase di Schopenhauer: «L'uomo può sì fare ciò che vuole, ma non può volere ciò che vuole» mi accompagna in tutte le situazioni della vita e mi riconcilia con i comportamenti umani, anche quando essi sono per me veramente dolorosi. Questa conoscenza dell'assenza della libertà del volere mi protegge dal prendere troppo sul serio me stesso e gli altri in quanto individui che agiscono e che giudicano, e dal perdere il mio buonumore.[39]

Undici anni dopo, l'11 aprile 1943, quarto anno di guerra, Einstein intervenne alla radio per un appello. Disse dapprima che «la nostra epoca è fiera del progresso conseguito nello sviluppo intellettuale dell'uomo», ma che proprio per questo noi «dovremmo stare attenti a non fare dell'intelletto il nostro dio»; poi aggiunse:

> Esso ha, naturalmente, muscoli possenti, ma non è dotato di alcuna personalità. Non può guidare, può solo servire; e non è

[39] Albert Einstein, *Il mio Credo*, 1932, in einstein-website.de. In questo sito è possibile udire la voce di Einstein mentre legge il testo nella sua lingua madre, in quanto viene riportata la registrazione fatta dallo scienziato a favore della *Deutsche Liga für Menschenrechte* (Lega tedesca dei diritti umani). Il testo originale è il seguente: «Ich glaube nicht an die Freiheit des Willens. Schopenhauers Wort: "Der Mensch kann wohl tun, was er will, aber er kann nicht wollen, was er will", begleitet mich in allen Lebenslagen und versöhnt mich mit den Handlungen der Menschen, auch wenn sie mir recht schmerzlich sind. Diese Erkenntnis von der Unfreiheit des Willens schützt mich davor, mich selbst und die Mitmenschen als handelnde und urteilende Individuen allzu ernst zu nehmen und den guten Humor zu verlieren». L'edizione italiana di riferimento, che però traduce in modo abbastanza difforme dall'originale, è: Albert Einstein, *Il mondo come io lo vedo* [1934], in *Il significato della relatività. Il mondo come io lo vedo*, a cura di Emanuele Vinassa de Regny, tr. di Walter Mauro, Newton Compton, Roma 2014, p. 163.

esigente nella sua scelta di un capo. Questa caratteristica si riflette nella qualità dei suoi sacerdoti, gli intellettuali. L'intelletto ha la vista lunga in fatto di metodi e strumenti, ma è cieco rispetto ai fini e ai valori.

Parole meravigliose e al contempo amare: quanti intellettuali, tra scienziati, filosofi e artisti, Einstein avrà visto in quegli anni inneggiare al Führer stendendo il braccio destro e proclamando *Heil Hitler*? Il testo prosegue:

> I nostri antenati ebrei, i profeti e gli antichi saggi cinesi compresero e proclamarono che il fattore più importante nel dare forma alla nostra esistenza umana è individuare e fissare una meta; e la meta è una società di esseri umani liberi e felici che si prodighino con costante sforzo interiore per liberarsi dal retaggio degli istinti antisociali e distruttivi [...]. È in questo sforzo che l'intelletto può offrire l'aiuto più potente. I frutti dello sforzo intellettivo, insieme allo sforzarsi in sé, in cooperazione con l'attività creativa dell'artista, danno contenuto e senso alla vita.[40]

Ora, se fosse del tutto vero ciò che nel 1932 Einstein aveva scritto citando Schopenhauer, cioè che l'uomo «non può volere ciò che vuole», traendone la conseguenza che la libertà del volere non ci è data, che senso avrebbero queste sue parole del 1943? Che senso ha dire che occorre individuare e fissare una meta, se in realtà la meta del volere di ognuno è già fissata dentro di noi da una potenza più forte, da cui nessuno mai può emanciparsi, ma di cui si è destinati a rimanere sempre servi? E che senso ha, come fa più volte Einstein, parlare di «sforzo»?

[40] Albert Einstein, *Il fine dell'esistenza umana*, 11 aprile 1943; ora in *Pensieri, idee, opinioni*, tr. di Lucio Angelini, Newton Compton, Roma 2006, p. 221.

Ma il bellissimo testo di Einstein solleva una questione ulteriore: se l'intelletto non ha personalità, non può guidare ed è cieco rispetto ai fini e valori, che cosa nell'essere umano ha personalità, può guidare e non è cieco rispetto ai fini e ai valori? Esistenze come quella del mahatma Gandhi, di Dietrich Bonhoeffer, di Rosario Livatino, di Giovanni Falcone e Paolo Borsellino e di molti altri, compresi gli innumerevoli sconosciuti che nella loro quotidianità rimangono fedeli al bene e alla giustizia, mostrano che gli esseri umani possono essere molto attenti ai fini e ai valori. Torna quindi la domanda sull'origine di tale peculiare attenzione. Einstein negava che essa fosse nell'intelletto e io concordo pienamente con lui. Tanto meno essa risiede nella psiche, così magmatica, ondivaga, abissale. Risiede nel corpo? A mio avviso il corpo mostra una logica relazionale e sistemica del tutto coerente con tale attenzione «ai fini e ai valori», però è chiaro che esso non può costituirne il centro di consapevolezza e quindi non è la sorgente dell'attenzione responsabile verso di essi. Che cosa c'è allora dentro di noi, al di là del corpo, della psiche e dell'intelletto, che ci assegna «personalità», che ha «funzione di guida» e che ci illumina quanto «ai fini e ai valori»? Come chiamare questa dimensione dell'essere umano che, per usare ancora la terminologia di Einstein, dà «contenuto e senso alla vita»?

Einstein morì il 18 aprile 1955, a settantasei anni. Poco prima della morte firmò uno scritto sulla minaccia delle armi atomiche, oggi noto come *Manifesto Russell-Einstein* perché pubblicato da Bertrand Russell a Londra il 9 luglio 1955 e sottoscritto da altri nove eminenti scienziati. Rivolgendosi all'intera umanità, i firmatari all'inizio dichiarano: «Parliamo in questa occasione non in quanto membri di questa o quella nazione, continente o credo, ma come esseri umani, membri della specie umana». Poco più avanti affermano che «dobbiamo imparare a pensare in modo nuovo», e dopo una serie di considerazioni sulla sicura fine cui andrebbe incontro l'umanità in caso di conflitto mondiale con uso di bombe atomiche, gli scienziati concludono appellandosi ancora una volta alla coscienza umana universale:

> È davanti a noi, se lo scegliamo, un continuo progresso in termini di felicità, conoscenza e saggezza. Vogliamo invece scegliere la morte, perché non sappiamo dimenticare i nostri conflitti? Noi ci appelliamo come esseri umani ad altri esseri umani: ricordate la vostra umanità, e dimenticate il resto. Se sarete in grado di farlo, si apre la via verso un nuovo Paradiso; se non lo sarete, è davanti a voi il rischio della morte universale.[41]

Si tratta di un testo giustamente collocato tra le espressioni più alte della coscienza etica contemporanea. Ma ancora una volta: esso è concepibile senza ammettere la libertà degli esseri umani? È concepibile senza ammettere in particolare il libero arbitrio in quanto possibilità di scelta e primaria manifestazione della libertà? Come qualificare altrimenti espressioni quali: «se lo scegliamo», «ricordate», «se sarete in grado»? Non sono un chiaro appello alla libera e responsabile decisione, al libero arbitrio degli esseri umani?

L'appello era rivolto in particolare alla coscienza dei capi di stato perché riflettessero e mutassero politica interrompendo la proliferazione delle armi atomiche. Ma è del tutto evidente che il presupposto di tale auspicato cambiamento è la possibilità di metterlo in atto, ovvero di mutare l'oggetto del proprio volere. Anzi, il senso di

[41] Riprendo il testo originale inglese dal sito della Pugwash Conferences on Science and World Affairs (pugwash.org), organizzazione insignita del Nobel per la pace nel 1995. La traduzione è mia.

umanità a cui il testo firmato da Einstein fa più volte riferimento consiste proprio in questo: nella capacità di considerare l'oggetto del proprio volere, di prenderne le distanze e di mutarlo. Ovvero in ciò che, con una parola sola, si chiama libertà e più tecnicamente libero arbitrio.

Il che dimostra, contrariamente a quanto riteneva Schopenhauer, che l'essere umano può giungere a *volere* anche quello che di per sé non *vorrebbe*. In questa differenza tra volere *immediato* o istintivo e volere *ponderato* o responsabile consiste precisamente lo spazio della libertà. Noi possiamo mutare l'oggetto del nostro volere, possiamo diventare liberi anche dall'oggetto della nostra volontà.

13. Il cammino per essere liberi

Hanno certo ottime ragioni entrambi i partiti, sia i sostenitori della libertà sia coloro che la negano. Se ci consideriamo in quanto corpo e in quanto psiche, noi esseri umani non siamo per nulla liberi; è solo se ci consideriamo in quanto spirito che possiamo giungere a esserlo. Solo nel dominio dello spirito, là dove siamo indeterminati, ha senso parlare di libertà, intesa anzitutto come possibilità di scelta ed effettiva autodeterminazione.

Penso che si possa descrivere il cammino verso la libertà cui ognuno è chiamato riconoscendo l'esistenza di tre tappe distinte:

– emancipazione dall'ambiente e dagli altri ovvero *libertà-da*;

– dedizione a una realtà più grande del sé ovvero *libertà-per*;

– emancipazione da sé ovvero *libertà-da* a un livello più profondo.

All'inizio la libertà non c'è, è tanto prigioniera da risultare assente, è solo una vaga e inespressa potenzialità. All'inizio ci dobbiamo liberare e per questo la libertà si dice anzitutto come *liberazione*: la nascita della libertà avviene sempre sotto forma di liberazione. Si tratta di liberarsi dalle strutture e dalle persone che ci hanno nutrito e custodito e che inevitabilmente ci hanno imposto la loro logica e il loro pensiero. Per questo nella prima fase del suo sviluppo la libertà si muove all'insegna del *no*: no al padre, no alla madre, no all'intera famiglia, no ai professori, no ai soliti amici, no al movimento, no alla parrocchia, no a qualunque altro sistema o persona. È infatti solo dicendo no che si giunge a quella liberazione che garantisce indipendenza e autonomia, e chi non sa dire no, strappandosi dagli abbracci protettivi dei vari sistemi di cui fa parte, è destinato a non respirare mai l'aria della libertà. Tale primo passaggio porta l'io a prendere coscienza di sé e del suo valore e a costituirsi al centro delle sue relazioni secondo un sistema che in termini cosmologici si potrebbe definire *geocentrico* e in termini psicologici *egocentrico*, tappa assolutamente necessaria per giungere all'autostima, alla consapevolezza, alla capacità di relazioni e di lavoro.

La libertà però matura veramente quando comprende che il no più significativo che è chiamata a pronunciare è quello rivolto a se stessa: no ai propri capricci, no alle proprie voglie, no alle proprie pigrizie, no al proprio narcisismo, no alle proprie paure, no ai propri complessi, no alle proprie idiosincrasie. Non si tratta per nulla di un processo facile, anzi, esso può durare, e quasi sempre dura, tutta la vita: è molto impervio il cammino della liberazione di sé dal sé, della lotta contro il proprio nemico interiore.

La condizione essenziale perché tale liberazione interiore possa riuscire è che la libertà venga attratta da qualcosa (una passione, un'idea, un'esperienza, un incontro) più grande di lei a cui rivolgere il suo *sì* in modo appassionato e totale. Quando tale attrazione diviene un sì permanente ha inizio una trasformazione radicale che si può descrivere, riprendendo la metafora cosmologica, come passaggio dal sistema geocentrico al sistema eliocentrico: da un sistema centripeto tendente a far gravitare tutto attorno a sé, a un sistema centrifugo tendente a gravitare attorno a qualcosa più grande di sé. Il sistema della propria mente e della propria volontà che prima era *chiuso*, perché tendeva a ricondurre tutto a sé o per voracità o per paura, passa ora a essere *aperto*, perché non ha più come obiettivo l'incremento e il successo del sé ma la dedizione alla realtà più grande che si è scoperta e per la quale ora si vive. La più grande liberazione, quella dal proprio sé, è iniziata. L'io si concepisce secondo la logica del sistema, in funzione di qualcosa di più grande di sé, servendo non più se stesso ma l'organizzazione del sistema-vita, tappa assolutamente necessaria per superare il narcisismo e per sviluppare al meglio la capacità di relazioni e di lavoro.

È quanto il cristianesimo chiama conversione (*metánoia*) e altre religioni in altri modi: per esempio il buddhismo parla di illuminazione (*bodhi* o *satori*). Gesù racconta di un «tesoro nascosto nel campo: un uomo lo trova e lo nasconde; poi va, pieno di gioia, vende tutti i suoi averi e compra quel campo» (*Matteo* 13,44). Colui che aveva trovato il tesoro avrebbe potuto portarlo via nottetempo senza bisogno di acquistare il campo, ma quello che è decisivo non è solo la scoperta del tesoro, è anche la vendita degli averi per l'acquisto del campo, cioè lo svuotamento di sé, la liberazione dall'ego. Normalmente l'ego con la sua attrazione gravitazionale piega lo spazio-tempo della mente deformandone la percezione della realtà:

può persino giungere a diventare una specie di buco nero che assorbe ogni cosa riconducendo tutto a sé, persino la luce degli occhi degli altri, e che per questo rende radicalmente incapaci di amore. Ne viene che il vero tesoro appare consistere esattamente nella vendita dei beni, ovvero nella liberazione dall'orribile egocentrismo autoreferenziale.

A questo punto però è necessaria una precisazione decisiva. Se è vero che la libertà si compie liberandosi da sé e facendosi attrarre da qualcosa di più grande, è altrettanto fondamentale che questa attrazione non sia mai tale da annullare la libertà nella sua consapevolezza, vitalità, responsabilità, autonomia. La libertà è fatta per qualcosa di più grande di sé, non per tornare a essere incatenata nel seno di una nuova struttura, magari persino più soffocante. Al contrario, la dedizione verso questa realtà più grande manifesta la sua verità nella misura in cui fa sì che il singolo rimanga sempre se stesso e continui a vivere come portatore di effettiva libertà: come libertà educata, organizzata, consapevole, che sa cosa vuole e cosa non vuole, ma al contempo anche sempre capace di anarchia, indisciplina, ribellione, resistenza, perché solo così la libertà è reale e vitale, e talora al fine di incrementare l'organizzazione è necessario dare spazio al caos esponendo il sistema al negativo. La formula della libertà è del tutto identica a quella di ogni altra realtà, e del mondo nel suo complesso: logos + caos.

Siamo parte di un immenso processo chiamato universo che produce ordine mediante disordine, organizzazione mediante caos, evoluzione mediante involuzione: ovvero logos + caos. È la visione processuale dell'essere, secondo la quale nell'espansione ininterrotta dell'universo aumenta l'entropia e aumenta la neghentropia, aumenta il caos e aumenta il logos, e la somma di questi due aumenti contrapposti produce l'antinomia sempre più intensa dentro cui le nostre esistenze si svolgono che si chiama *passione*, e che ci chiama alla passione nel duplice senso del termine: come grande sofferenza e come sentimento che appassiona.

Se quindi dicendo *libertà* intendiamo rimandare a una relazione creativa e consapevole con la verità del mondo, ne viene che la nostra libertà si misura sulla capacità di introdurre sia logos sia caos nei vari sistemi di cui siamo parte. Si potrebbe dire che la nostra libertà in prima battuta introduce caos dicendo no ai vari sistemi di cui è parte (è la liberazione da costrizioni esterne, la *libertà-da*), secondariamente introduce logos dicendo sì a una realtà ideale più grande del proprio sé (è la *libertà-per*), in terzo luogo introduce logos iniziando a dire no al caos indisciplinato e capriccioso che abita al proprio fondo (è la libertà come liberazione dall'egoismo del sé, *libertà-da* in senso più profondo), senza per questo mai cessare di ricorrere al caos quando la realtà più grande diviene oppressiva o semplicemente obsoleta.

La vita si muove secondo la logica dialettica dell'antinomia che ora richiede caos e ora richiede logos, e che, proprio per questa sua strutturale impossibilità a essere ridotta a ideologia o dottrina da cui far discendere un cammino prefissato, genera libertà.

14. Una certa idea di uomo e di natura

La posta in gioco nell'accettare o meno la libertà è l'idea di uomo. Ammettendo la libertà infatti si sostiene una peculiarità dell'uomo rispetto al resto di tutti gli altri viventi, che ne fa il fenomeno più sublime che l'universo abbia finora prodotto. *Sublime* è da intendersi qui nel senso filosofico del termine: ciò che affascina e al contempo respinge. Distinguendolo dal bello, verso cui si prova solamente attrazione, così lo descrive Kant: «Essendo l'animo non solamente attratto dall'oggetto, ma alternativamente anche sempre di nuovo respinto, il compiacimento per il sublime contiene non tanto un piacere positivo, quanto piuttosto ammirazione e rispetto, vale a dire merita di essere detto piacere negativo».[42] Guardando alla totalità del fenomeno umano, senza dimenticare nulla della sua gloria e della sua miseria, io sento sorgere in me esattamente questo duplice sentimento di attrazione e di repulsione, questo particolare «piacere negativo».

Illustrano bene la delicata particolarità dell'ambigua condizione umana le parole di Giovanni Pico della Mirandola fatte pronunciare a Dio Padre rivolto all'uomo subito dopo averlo creato:

> Non ti ho dato, o Adamo, né un posto determinato, né un aspetto proprio, né alcuna prerogativa tua, perché quei posti, quell'aspetto, quelle prerogative che tu desidererai, tutto secondo il tuo voto e il tuo consiglio ottenga e conservi. La natura limitata degli altri è contenuta entro leggi da me prescritte. Tu te la determinerai da nessuna barriera costretto, secondo il tuo arbitrio, alla cui potestà ti consegnai. Ti posi nel mezzo del mondo perché di là meglio tu scorgessi tutto ciò che è nel mondo. Non ti ho fatto né celeste né terreno, né mortale né immortale, perché di te stesso quasi libero e sovrano artefice ti plasmassi e ti scolpissi nella forma che avresti prescelto. Tu po-

[42] Immanuel Kant, *Critica della facoltà di giudizio*, 23,76 [1790]; ed. it. a cura di Emilio Garroni e Hansmichael Hohenegger, Einaudi, Torino 1999, p. 81. Si legge nel più antico trattato sul sublime: «Il sublime, quando al giusto momento prorompe, riduce ogni cosa in briciole, come una folgore», Pseudo-Longino, *Del sublime*, I,4; ed. it. a cura di Francesco Donadi, Bur, Milano 2005^5, p. 107.

trai degenerare nelle cose inferiori che sono i bruti; tu potrai, secondo il tuo volere, rigenerarti nelle cose superiori che sono divine.[43]

Affermare la libertà contro coloro che la negano significa sostenere la centralità dell'essere umano in tutto il mondo naturale: una centralità che non è sempre causa di orgoglio, anzi, sovente è fonte di degrado e di abiezione, talora in modo così intenso da dover collocare gli esseri umani al di sotto del livello degli animali quanto a stupidità e crudeltà. In ogni caso, nel bene e nel male, la questione della libertà non solo concerne il nucleo più intimo dell'antropologia, ma riguarda anche una delle domande in cui si riassume tutto il senso del pensiero: «Chi è l'uomo?», questione che accompagna l'umanità fin dai primordi, quando l'essere umano, oltre che *faber*, prese a scoprirsi anche *pictor*, creatore di immagini, di cui le idee sono tra le più potenti. Ha scritto Hans Jonas: «L'esistenza di immagini nella sua illimitata promessa è sufficiente evidenza della libertà umana».[44]

Per questo tale questione non sarà mai risolta finché

[43] Giovanni Pico della Mirandola, *Oratio de hominis dignitate* [1486]; ed. it. a cura di Eugenio Garin, Edizioni Studio Tesi, Pordenone 1994, pp. 7-9. A mio parere la prospettiva dell'esistenzialismo del Novecento secondo cui l'essenza dell'uomo è la sua esistenza, argomentata soprattutto da Sartre («noi siamo una libertà che sceglie, ma non scegliamo di essere liberi: siamo condannati alla libertà, gettati nella libertà o, come direbbe Heidegger, "abbandonati"», da Jean-Paul Sartre, *L'essere e il nulla. Saggio di ontologia fenomenologica* [1943], tr. di Giuseppe Del Bo, il Saggiatore, Milano 1980^6, p. 586), è già interamente presente nel pensiero di Pico, salvo ovviamente il senso di condanna e di abbandono che la secolarizzazione porta con sé.

[44] Hans Jonas, *Homo pictor: della libertà del raffigurare* [1961; titolo originale: *Homo pictor und die differentia des Menschen*], ora in *Organismo e libertà. Verso una biologia filosofica*, tr. di Paolo Becchi, Einaudi, Torino 1999, pp. 222.

l'essere umano manterrà la sua capacità di immaginare e di pensare, perché è esattamente tale capacità che ne esprime la vera identità, ovvero la condizione paradossale di non possedere nessuna identità a priori, e quindi non solo di avere, ma prima ancora di essere, libertà.

Sono convinto però che possiamo capire la libertà che ci abita solo se non la contrapponiamo più alla natura, ma la consideriamo come l'esito del lavoro della natura. Fino a quando nella diade necessità-libertà, natura-cultura, neuroni-anima si vedrà una secca alternativa all'insegna dell'aut-aut, si sarà lontani dall'impostare correttamente il problema. Occorre superare ogni forma di dualismo secondo cui o siamo necessità o siamo libertà, o siamo natura o siamo cultura, o siamo neuroni o siamo anima, e comprendere invece che siamo sia necessità sia libertà, sia natura sia cultura, sia neuroni sia anima. La chiave consiste in una visione evolutiva dell'essere, pensato come *energia*, ovvero «all'opera», «al lavoro», secondo l'etimologia del greco *enérgheia* formato dalla preposizione *en* (in) e dal sostantivo *érgon* (opera, lavoro). È la visione filosofica dell'emergentismo, ovvero, per riprendere la bella espressione di Henri Bergson, della «evoluzione creatrice».[45]

La vicenda cosmica presenta un cammino dell'energia e della materia sfociato in una sempre maggiore e sofisticata organizzazione che ha prodotto la vita e l'intelligenza. Il biologo Christian de Duve, premio Nobel per la medicina nel 1974 e non-credente quanto a fede religiosa, ha parlato della materia cosmica come di «polvere vitale», sostenendo che il sorgere della vita è inscritto nella strut-

[45] Cfr. Henri Bergson, *L'evoluzione creatrice* [1907], ed. it. a cura di Fabio Polidori, Raffaello Cortina, Milano 2002.

tura stessa dell'essere.[46] Si può concordare o meno con questa visione che ripresenta l'antica concezione detta *ilozoismo* (da *hýlē*, «materia», e da *zōé*, «vita») e che è avversata da molti altri scienziati, ma quello che è sicuro è che dalla materia primordiale degli inizi è scaturita la vita e che nella mente umana questo processo acquisisce consapevolezza. Il processo vitale sembra trovare il suo vertice consapevole nell'umanità: essa è il luogo in cui l'universo *si flette* rendendo possibile il *riflettere* umano, il luogo in cui l'universo si guarda per così dire allo specchio.

A questo dato di fatto occorre accostarne un altro, altrettanto stupefacente. Mi riferisco alla cosiddetta *sintonizzazione fine* del cosmo nei suoi parametri basilari (cioè la sorprendente armonia tra le costanti fisiche fondamentali), un dato la cui consapevolezza ha condotto alcuni fisici qualche decennio fa a parlare di «principio antropico», sostenendo con questa espressione che il cosmo è tale proprio al fine di permettere in esso la nascita dell'intelligenza, la quale trova nell'essere umano la sua più alta manifestazione (da qui appunto principio *antropico*).[47] In verità, osservando l'intricato labirinto della storia umana e l'uso che gli esseri umani hanno fatto e fanno della loro intelligenza, e di come questa sia spesso ridotta in schiavitù dalla stupidità o messa al servizio del più gigantesco e pusillanime orgoglio, io preferisco parlare di *principio-libertà*: riesco cioè a pensare il cosmo come dotato di un qualche senso solo pensandolo come un grande sistema per la generazione della libertà, della libera vita della mente tradi-

[46] Christian de Duve, *Polvere vitale* [1995], tr. di Libero Sosio, Longanesi, Milano 1998; il sottotitolo originale, stranamente omesso dall'edizione italiana, è: *Life as a Cosmic Imperative*.

[47] Cfr. John D. Barrow e Frank J. Tipler, *Il principio antropico* [1986], tr. di Francesco Nicodemi, Adelphi, Milano 2002.

zionalmente detta spirito, che può esaltare e traumatizzare al contempo per la sua sconcertante ambiguità.

È su questa base che io affermo che la libertà appare come il fine della creazione: se il mondo ha un qualche senso, è che in esso possa nascere la libertà. Il che, ben lungi dal fare del mondo la scena del trionfo della razionalità e della gloria, ne fa un luogo ambiguo, chiaro e oscuro al contempo, un teatro in cui si dà un vero e proprio dramma, che a volte fa ridere come la più esilarante delle commedie, a volte fa gemere di nero dolore come la più oscura delle tragedie. Quello che è veramente decisivo però è concepire la libertà non in contrapposizione al mondo, ma come il frutto più bello del lavoro del mondo.

Scriveva Schelling poco più di due secoli fa: «La connessione del concetto di libertà con la rappresentazione completa del mondo rimane sempre oggetto di un'indagine necessaria, poiché senza la sua soluzione il concetto stesso di libertà rimarrebbe pericolante, e la filosofia sarebbe interamente senza valore».[48]

15. Excursus: Grazia

Rimane una cosa da spiegare: come può avvenire che la libertà, di per sé così indisciplinata e interessata, inizi il cammino di liberazione da sé (secondo livello della *libertà-da*) e giunga a dedicarsi a realtà più grandi di sé (*libertà-per*)? Il movimento iniziale del cammino della li-

[48] Friedrich W.J. Schelling, *Ricerche filosofiche sull'essenza della libertà umana e gli oggetti che vi sono connessi* [1809]; in *Scritti sulla filosofia, la religione, la libertà,* a cura di Luigi Pareyson, tr. di Susanna Drago Del Boca, Mursia, Milano 1990, p. 82.

bertà, cioè il primo livello della *libertà-da* che sottrae all'asservimento e conduce alla liberazione, segue una logica conforme allo stile con cui va il mondo, presenta cioè quella stessa logica di potenziamento dell'io che si riscontra nell'esperienza quotidiana dove tutti vogliamo contare, essere qualcuno, poter dire la nostra. Il secondo movimento invece, nel suo orientare la liberazione o *libertà-da* verso il proprio sé, sembra difficilmente spiegabile dal punto di vista dell'esperienza ordinaria poiché ridimensiona fortemente la logica di potenziamento dell'io. Il che è ancora più evidente nel terzo momento del cammino della libertà, quando la *libertà-per* riconosce qualcosa di più importante dell'ego e riconduce quest'ultimo a quel rapporto subordinato da cui si era liberato con il primo movimento. Come spiegare questo duplice passaggio, apparentemente contraddittorio? Per usare le parole di Kant: «In che modo un uomo dall'indole naturale cattiva possa rendersi buono da se stesso, è cosa che sorpassa tutti i nostri concetti: come può infatti produrre frutti buoni un albero cattivo?». E più avanti: «Come si può aspettare di ricavare da un legno così storto qualcosa di perfettamente diritto?».[49] Come spiegare cioè che dal «legno storto dell'umanità» sia potuta e possa scaturire la purezza della disposizione interiore che porta a superare la volontà di potenza dell'ego generando quella rettitudine delle intenzioni e del comportamento cui diamo tradizionalmente il nome di bene e di giustizia?

Si può rispondere seguendo queste tre piste:

1) negando che il bene e la giustizia nella loro purezza

[49] Kant, *La religione entro i limiti della semplice ragione* [1793], B 49 e B 141, cit., pp. 129 e 241.

siano un fenomeno reale, perché tutto in realtà è solo interesse personale più o meno mascherato, e anche dietro le più belle parole e le più nobili azioni c'è sempre solo la più cruda volontà di potenza e di affermazione di sé: è la risposta di Nietzsche;[50]

2) riconducendo il bene e la giustizia nella loro purezza all'intervento unilaterale dall'esterno della grazia divina, perché solo tale intervento può sanare la corruzione dell'interiorità umana: è la risposta di Agostino, o per meglio dire del tardo Agostino, quando nell'ultima fase della sua vita era polemicamente coinvolto nella controversia pelagiana;[51]

3) attribuendo il bene e la giustizia nella loro purezza all'azione della libertà umana che, lavorando su di sé e obbedendo alla voce della coscienza che le suggerisce il *rispetto* della legge morale, giunge a desiderare il bene e la giustizia per se stessi, anche a prescindere dall'interesse personale: è la risposta di Kant.[52]

Le prime due risposte ammettono la libertà ma la ritengono impura, di per sé capace solo di essere voracemente determinata; esse risolvono il problema dell'origine del bene e della giustizia o negandone la consistenza

[50] Cfr. in particolare Friedrich Nietzsche, *Genealogia della morale. Uno scritto polemico* [1887], *Prefazione*; tr. di Ferruccio Masini, Adelphi, Milano 1990⁴, pp. 3-11.

[51] Così Agostino in un'opera del 418: «Non è da se stesso che l'uomo si fa buono da cattivo, ma diventa buono per iniziativa di Dio e per mezzo di Dio e per unione a Dio», da *La grazia di Cristo e il peccato originale*, I,19, 20; ed. it. in *Natura e grazia*, vol. II, Introduzione e note di Agostino Trapè, tr. di Italo Volpi, Città Nuova, Roma 1981, p. 163.

[52] Così Kant: «Il rispetto per la legge morale è l'unico e, al tempo stesso, indubitabile movente morale»; e più avanti: «Noi siamo membri legislatori di un regno morale, possibile in virtù della libertà e presentatoci dalla ragione pratica», da *Critica della ragione pratica* [1788], A 139 e A 147; ed. it. a cura di Vittorio Mathieu, Bompiani, Milano 2000, pp. 173 e 179-181.

oppure riconducendola unilateralmente a Dio pensato come un agente del tutto esterno al mondo e alla libertà umana. La terza risposta invece crede al lavoro della libertà alla quale attribuisce il merito dell'azione virtuosa, ma non risolve il problema dell'origine del bene e della giustizia perché rimane inevasa la questione della prima mossa: come mai la libertà umana, originariamente *storta*, riesce a *raddrizzarsi* dedicandosi al bene e alla giustizia? È merito suo anche la prima disposizione interiore in quanto desiderio di cambiare, oppure questa le proviene da fuori? E se le proviene da fuori, come intendere questo *fuori*?

Ognuno risolverà tale problema alla luce della sua visione del mondo. Per quanto mi riguarda, io penso che qui si apra lo spazio per parlare del divino e della sua azione sull'interiorità umana; e in questa convinzione seguo Simone Weil, che annotava: «Rinunciare all'energia ricavata dalle spinte. Al contrario, occorre spendere energia contro di esse. È necessaria allora un'energia che venga da un altro luogo». E poi, tra parentesi: «(N.B. Kant conduce alla grazia)».[53]

«Dio è spirito», dice il Quarto vangelo (*Giovanni* 4,24), così come spirito è la dimensione in cui propriamente consiste la nostra libertà. Tale dimensione interiore detta spirito nella quale si attinge la libertà non è però una variazione più profonda della psiche, ma è una dimensione *ontologicamente diversa*. Per quanto realmente interiore (a differenza della prospettiva tardo-agostiniana e luterana che la pensa come *totalmente altra* rispetto alla libertà), es-

[53] Simone Weil, *Quaderni*, vol. II, quaderno VI [1941]; ed. it. a cura di Giancarlo Gaeta, Adelphi, Milano 1997^3, p. 116.

sa non è riducibile alla nostra psiche perché dimora al contempo anche fuori di noi.

Normalmente si fa l'esperienza di sé come corpo e come psiche, ma la sapienza spirituale testimonia che è possibile sperimentare dentro di sé una profondità maggiore. Quando, dopo aver deposto ogni maschera del teatro della vita, ci chiudiamo nella camera interiore di cui parla il Discorso della montagna e rimaniamo soli, accade in alcuni momenti di sperimentare se stessi al di là del proprio corpo e della propria psiche, toccando una profondità di se stessi che rimanda al di là di se stessi. È il dono più bello dell'esperienza spirituale. Grazie a esso scendere nella propria interiorità viene a coincidere con la percezione di essere entrato in contatto con il cuore o il respiro del mondo, con la logica perenne che alberga in tutte le cose. Per le grandi tradizioni spirituali dell'umanità scendere nella verità dell'uomo interiore non significa incontrare ancora una volta solo se stessi, ma una ben più profonda dimensione, sperimentata come la patria, l'origine, il destino, la logica che abbraccia tutte le cose.

È ciò che la cultura greca e quella cristiana chiamano Logos o Verbum, i buddhisti Dharma, i taoisti Tao, gli antichi egizi Maat. La Bibbia ebraica lo definisce Hokmà, *sapienza*, termine con cui si designa sia il vertice cui può giungere il lavoro umano e che il sapiente è in grado di produrre (cfr. *Proverbi* 1-3), sia il principio cosmico identificato con la sapienza creatrice (cfr. *Proverbi* 8), per un messaggio complessivo di questo tipo: se sei veramente retto e giusto, entri in contatto diretto con la logica ordinatrice del mondo, cioè con il divino.

L'hinduismo esprime questa medesima connessione tra profondità di sé e legge cosmica universale dicendo Atman = Brahman, ovvero: il mio respiro più profondo (Atman) coincide con il respiro del mondo (Brahman).

Così la più antica *Upaniṣad*: «Quello che è l'Atman dentro di noi, è la traccia che permette di giungere all'intero universo: per suo tramite infatti si conosce tutto l'universo»; e ancora: «L'Atman è il Brahman da cui ogni percezione si origina. Questo è l'insegnamento».[54]

Un antico testo taoista del IV secolo a.C. intitolato *Neiye*, ovvero «Coltivazione interiore», ne parla in questi termini: «Dentro il cuore un altro cuore racchiudi, / dentro il cuore, un altro cuore è presente. / Questo cuore dentro il cuore / è pensiero che precede le parole».[55]

In Grecia nello stesso periodo Platone usava l'espressione «anima del mondo»,[56] mentre Aristotele ricorreva al sostantivo *noûs*, «pensiero», «intelletto», traducibile anche con «spirito», dicendo che tale *noûs* è in noi quale nostra dimensione più profonda (*noûs poiētikós*) e al contempo corrisponde al principio divino che muove tutte le cose visto che il Dio è *nóēsis noēseōs*, «pensiero di pensiero».[57] Sette secoli dopo, pressoché al termine della tradizione spirituale greca, Plotino presenta una delle più esplicite testimonianze su tale identificazione tra interiorità e principio cosmico: «Più di una volta mi è capitato di riavermi, uscendo dal sonno del corpo, e di estraniarmi da tutto, nel profondo del mio io. In quelle occasioni godevo della visione di una bellezza tanto grande quanto

[54] *Bṛhadāraṇyaka Upaniṣad*, I,IV,7 e II,V,19; ed. it. a cura di Carlo Della Casa, in *Hinduismo antico. Dalle origini vediche ai Purāṇa*, a cura di Francesco Sferra, Mondadori, Milano 2010, pp. 146 e 167.

[55] *Neiye*, 14,14-17; ed. it. *Neiye. Il Tao dell'armonia interiore*, a cura di Amina Crisma, Garzanti, Milano 2015, p. 137. La curatrice del testo scrive a p. 32: «Spirituale e divina è l'armoniosa corrispondenza fra il microcosmo che è l'essere umano e il macrocosmo che è l'universo, al quale egli è intimamente congiunto, partecipando di una stessa e identica sostanza».

[56] Cfr. Platone, *Timeo*, 34 B-37 A.

[57] Sul concetto di *noûs poiētikós*, Aristotele, *Dell'anima*, 430 A; sul concetto di *nóēsis noēseōs*, Aristotele, *Metafisica*, XII,1074 B.

affascinante che mi convinceva, allora come non mai, di fare parte di una sorte più elevata, realizzando una vita più nobile: insomma di essere equiparato al divino, costituito sullo stesso fondamento di un dio».[58] Commenta Pierre Hadot: «L'io dell'essere umano non è irrimediabilmente separato dal modello eterno dell'io, quale si trova nel Pensiero divino. Questo vero io, questo io in Dio, è dentro di noi. Nel corso di alcune esperienze privilegiate, che innalzano il livello della nostra tensione interiore, ci identifichiamo con esso, diveniamo questo io eterno; la sua bellezza indicibile ci commuove e, nell'identificarci con lui, ci identifichiamo con il Pensiero divino stesso, in cui è contenuto».[59] Tale esperienza viene ulteriormente testimoniata dalle ultime parole attribuite a Plotino, quando il filosofo si rivolse così a un discepolo venuto a visitarlo: «Cercate di ricondurre il divino che è in noi al divino che è nell'universo».[60]

Nella prima fase della sua vita cristiana sant'Agostino sosteneva esattamente la medesima prospettiva con queste celebri parole: «Non uscire fuori di te, rientra in te stesso, la verità abita nel profondo dell'uomo»,[61] laddove è del tutto evidente che la *veritas* dell'uomo interiore a cui si riferisce il grande padre della Chiesa non ha nulla a che fare con la psiche nel senso contemporaneo (salvo l'interpretazione che ne dà Jung), ma coincide con il principio

[58] Plotino, *Enneadi*, IV,8,1; ed. it. a cura di Giovanni Reale, tr. di Roberto Radice, Mondadori, Milano 2002, p. 1123.

[59] Pierre Hadot, *Plotino o la semplicità dello sguardo* [1963, 1997]; tr. di Monica Guerra, Einaudi, Torino 1999, p. 14.

[60] Porfirio, *Vita di Plotino*, 2; tr. di Giuseppe Girgenti, in Plotino, *Enneadi*, cit., p. 5.

[61] Agostino, *De vera religione*, 39,72; ed. it. a cura di Marco Vannini, Mursia, Milano 1987, p. 137. Testo originale: «Noli foras ire, in te ipsum redi, in interiore homine habitat veritas».

divino alla guida del mondo. Essa corrisponde al «fondo dell'anima» di cui parla Meister Eckhart, che è al contempo il principio divino che dà forma al mondo, come fa notare Marco Vannini: «Fondo dell'anima e fondo di Dio sono un unico e medesimo fondo. Conformemente alla sapienza classica, al precetto del dio delfico che comandava "conosci te stesso, e conoscerai te stesso e Dio", il maestro medievale è convinto che l'esperienza del fondo dell'anima non sia soltanto una conoscenza di ordine psicologico, ma, ben di più, di ordine ontologico e teologico».[62]

Su questa stessa prospettiva convergono i grandi esponenti dell'umanesimo e del rinascimento, cristiani e platonici al contempo, tra cui Nicolò Cusano, Marsilio Ficino, Giovanni Pico della Mirandola, al cui proposito commenta Eugenio Garin: «È questa appunto la *teologia platonica*, intesa come tipo esemplare di *docta religio*, di una conoscenza di sé attraverso la conoscenza di Dio, e viceversa, di una conoscenza di Dio attraverso la conoscenza di sé».[63]

Nella grande fioritura spirituale del romanticismo tedesco tra la fine del Settecento e i primi decenni dell'Ottocento, la medesima esperienza si riproduce in filosofi come Fichte, Hegel, Schelling, in uomini di lettere come Goethe, Schiller, Hölderlin, Novalis, in musicisti come Mozart e Beethoven: tutti costoro sperimentano ed esprimono nelle loro opere la medesima congiunzione tra discesa nella profondità del sé e contatto con il principio ordinatore del mondo, tra anima spirituale e «spirito del mondo» (*Geist der Welt*). Così Fichte: «Subli-

[62] Marco Vannini, *Introduzione a Eckhart. Profilo e testi*, Le Lettere, Firenze 2014, p. 83.

[63] Eugenio Garin, *L'umanesimo italiano. Filosofia e vita civile nel Rinascimento* [1947], Laterza, Roma-Bari 2013^6, p. 108.

me vivente volontà, che nessun nome designa e nessun concetto abbraccia, io posso bene innalzare il mio animo a te, poiché tu e io non siamo divisi; la tua voce risuona in me, la mia risuona nuovamente in te».[64] Così Schelling: «L'essenza dell'anima consiste nella conoscenza che coincide con l'assolutamente reale, e quindi con Dio».[65] Così Hegel: «*Conosci te stesso*: né in sé, né nel contesto storico in cui è stato espresso, questo comando assoluto significa soltanto un'autoconoscenza [...] ma ha piuttosto il significato della conoscenza della verità dell'uomo e della Verità in sé e per sé».[66] Per quanto riguarda gli altri autori citati, mi limito a questi versi di Goethe: «Che sarebbe un Dio che agisse solamente dall'esterno, / facesse pure ruotare intorno al dito l'universo! / A Lui si addice di muovere il mondo dall'interno, / di albergare la Natura in Sé, Sé nella Natura, / così che il mondo, che in Lui vive, vibra ed è, / mai senta mancanza della Sua forza, del Suo Spirito. / Esiste un universo anche nell'intimo!».[67]

Qui non si tratta né di una mera suggestione psicologica, come ritiene la prospettiva materialistica oggi dominante, né di una rivelazione divina indeducibile, come ritiene il cristianesimo ufficiale. Questa esperienza, vissuta da esseri umani tanto diversi fra loro quanto a epoca e tradizione di appartenenza, rifiuta di essere interpretata sia

[64] Johann G. Fichte, *La missione dell'uomo* [1800], ed. it. a cura di Remo Cantoni, Laterza, Bari 1970, p. 166.

[65] Friedrich W.J. Schelling, *Filosofia e religione* [1804], tr. di Valerio Verra, in *Scritti sulla filosofia, la religione, la libertà*, cit., p. 44.

[66] Georg W.F. Hegel, *Enciclopedia delle scienze filosofiche in compendio* [1830], par. 377; ed. it. a cura di Vincenzo Cicero, Rusconi, Milano 1996, p. 635.

[67] Johann W. von Goethe, *Proemio* [1812], in *Opere*, a cura di Lavinia Mazzucchetti, Sansoni, Firenze 1962, vol. V, p. 915.

secondo la prospettiva psicologica immanentista per la quale c'è solamente l'io, sia secondo la prospettiva teologica teista che postula l'azione di un agente misterioso al di là dell'essere conosciuto. C'è piuttosto la comunione perfetta tra il sé e il principio cosmico ordinatore, tra io e Dio, tramite il mondo: è l'ingresso nella dimensione più profonda della realtà, è la danza o pericoresi trinitaria che Panikkar chiama «cosmoteandrismo».[68]

Secondo questa prospettiva, naturale e spirituale al contempo, se possiamo giungere a essere liberi anche da noi stessi volendo il bene e la giustizia è perché originariamente siamo spirito, ovvero perché, per usare le categorie tradizionali, siamo dotati di *anima spirituale* e siamo *figli di Dio*. Se possiamo giungere a essere liberi anche da noi stessi arrivando alla purezza dell'etica è perché originariamente c'è in noi un fondo buono, descritto dalla Bibbia ebraica in termini di «somiglianza» e ancora più preziosamente di «immagine» di noi rispetto al principio primo dell'essere tradizionalmente detto Dio (cfr. *Genesi* 1,26-27). Il bene quindi, prima di essere un risultato della volontà, è un fatto di sostanza. Il bene è prima della bontà, e per questo chi lo vive è ricondotto al suo vero sé: chi fa il bene diventa ciò che è.

Che cos'è infatti il bene? Nella sua essenza peculiare il bene è forma, ordine, armonia, relazione armoniosa. E cosa siamo noi? Siamo forma, ordine, armonia, un concerto di relazioni armoniose: è grazie a questa dinamica che le nostre particelle subatomiche formano i nostri atomi, i quali a loro volta formano le nostre molecole, le quali a loro volta formano gli organelli alla base delle no-

[68] Cfr. Raimon Panikkar, *Visione trinitaria e cosmoteandrica: Dio-Uomo-Mondo*, vol. VIII della *Opera omnia*, a cura dell'Autore e di Milena Carrara Pavan, Jaca Book, Milano 2010.

stre cellule, e via di questo passo secondo una progressiva organizzazione che giunge fino alla coscienza. La logica che ci dà forma, che ci in-forma, è la relazione armoniosa, e quindi praticare l'etica significa essere fedeli a se stessi, alla nostra più intima logica interiore. In questa prospettiva l'altruismo non risulta difforme da un retto egoismo in quanto intelligente cura di sé.

La libertà quindi, e l'etica che ne è il compimento, ben lungi dal contrapporsi alla natura appare come il compimento della stessa: se all'interno del mondo naturale nasce la libertà, ciò avviene non contro il movimento e la logica della natura ma come suo compimento.

Guardando alla natura con ottimismo e favore, questa prospettiva non ignora le numerose manifestazioni di caos e di disordine che essa presenta, ma le riconduce all'interno di un processo orientato alla crescita della complessità e dell'organizzazione vitale. Per questo sa che orientare la libertà verso il bene equivale a essere fedeli alla natura e alla sua logica relazionale, e di conseguenza a stare bene, come si manifesta nella gioia che infallibilmente scaturisce in ogni essere umano quando cresce la qualità delle sue relazioni.

Il divino quindi agisce come forza che risana, innalza, ispira la nostra libertà. La libertà viene sanata dalla luce che proviene dall'idea del bene; viene dotata di forma dalla luce che proviene dall'idea del bello; viene purificata dalla luce che proviene dall'idea di perfetta giustizia; viene attratta dalla luce che proviene dall'idea del vero. Ecco l'azione della grazia. Il mondo divino viene percepito dall'anima come la realtà più degna cui si possa dedicare, la più alta, la più nobile, l'unica degna di sé. L'anima ne rimane affascinata e, liberamente, consacra se stessa.

III. DEFINIZIONE ED EDUCAZIONE DELLA LIBERTÀ

16. Fedeltà a se stessi?

La libertà è percepita generalmente come assenza di schiavitù e per questo viene intesa anzitutto come autonomia e indipendenza. In questa prospettiva una delle sue definizioni più appropriate è quella che la identifica con la fedeltà al proprio sé: libertà = fedeltà a se stessi. Basta però conoscere almeno un poco l'esistenza propria e altrui per rendersi conto che le forme più insidiose di schiavitù sono di tipo interiore, provengono dal proprio ego. Certamente può capitare di essere soggetti a forme esteriori di schiavitù verso qualcuno o qualcosa a livello economico, psicologico o di altro tipo, però è molto più frequente constatare la presenza in noi e negli altri di forme interiori di schiavitù nei rapporti con il proprio corpo, con la propria psiche e con le proprie idee.

Prendiamo il corpo. Il nostro desiderio di esseri liberi ci porta a ritenere che possiamo e dobbiamo disporne come meglio ci aggrada, senza rendere conto a nessuno di cosa mangiamo, di come ci vestiamo, di cosa ingeriamo; e infatti oggi tutti ritengono di mangiare, vestire, bere, fumare o annusare ciò che gli va. Ma questa autonomia di scelta conduce veramente alla libertà? Forse mi sbaglio, ma io constato che essa conduce piuttosto a una serie di obblighi quasi senza fine verso la moda, i gusti, le tendenze, le sostanze: a una forma di servitù ancora più dura.

Ognuno è inoltre convinto di essere libero di abbellire come meglio crede il suo corpo, ma proprio circondando il corpo di attenzioni se ne diviene in qualche modo dei servi, si torna continuamente a guardarlo, lo si considera mille volte allo specchio, si diviene ossessionati di come esso si presenti agli occhi degli altri. Siamo convinti di essere liberi solo se possiamo assecondare le esigenze del nostro corpo, ma proprio esso schiavizza tanta parte del nostro tempo e della nostra attenzione. Il libero esercizio di indipendenza nei confronti del corpo si conclude molte volte in ulteriori e più gravi forme di dipendenza da esso.

Lo stesso discorso vale per la psiche: riteniamo di essere liberi solo se rimaniamo fedeli al nostro carattere e se ci possiamo esprimere per quello che siamo senza venire forzati a essere diversi da noi, ma è proprio il carattere a costituire una determinazione spesso così rigida da risultare un insidioso nemico interiore contro cui combattere tutta la vita. Lo colse già Eraclito due millenni e mezzo fa: «Per l'uomo il carattere è il suo demone».[1] La cosa appare evidente già solo riflettendo sul termine *carattere*. Esso viene dal sostantivo greco *charactḗr*, che significa «impronta, incisione, conio» e si riferisce a monete e sigilli, e a sua volta deriva dal verbo *charássō*, «solco, fendo, imprimo». Il carattere è il solco, la fenditura, l'impronta indelebile, che l'impatto della vita ha inciso una volta per sempre sulla nostra interiorità. Su di esso si può lavorare rendendolo più morbido o più duro, più flessibile o più

[1] Il detto di Eraclito in Diels-Kranz 22 B 119, tr. di Gabriele Giannantoni in *I Presocratici. Testimonianze e frammenti*, Laterza, Roma-Bari 1990[4], vol. I, p. 220.

intransigente, ma la disposizione di fondo rimane immutabile: è come un segno tipografico che riproduce per forza una lettera, per esempio una K, la quale non a caso si chiama anch'essa carattere, *carattere di stampa*; e se è vero che il segno a stampa può essere tondo, corsivo, in grassetto e in altri modi ancora, è altrettanto vero che è destinato a riprodurre sempre e solo se stesso. Il carattere quindi è tutt'altro che fonte di libertà, al contrario ognuno di noi ne risulta determinato a priori, spesso anche prigioniero.

Il rapporto con le nostre idee, infine, soffre della medesima ambiguità. Siamo convinti di essere liberi solo se possiamo professare pubblicamente le nostre convinzioni e in effetti la libertà di pensiero e di parola è una delle più preziose conquiste civili, ottenuta a caro prezzo contro il potere politico e religioso che spesso toglieva la vita a chi l'esercitava (tra le vittime ricordo Socrate, Gesù di Nazareth, Paolo di Tarso, Ipazia di Alessandria, Margherita Porete, Jan Hus, Tommaso Moro, Michele Serveto, Giordano Bruno, Pavel Florenskij). Ma ognuno di noi quanto è libero rispetto alle proprie idee? Quanti le hanno scelte liberamente dopo averle confrontate con altre? E quanti invece sono politicamente o religiosamente di una parte solo per via dell'influsso della famiglia o di altro ambiente? E quanti viceversa, dotati di un più acuto spirito di autonomia, hanno determinato le proprie idee solo per contrapporsi alla famiglia o ad altri ambienti?

Spesso inoltre siamo schiacciati dal peso delle nostre idee, finendo per ritrovarci altamente condizionati dall'autorità dei punti di riferimento che abbiamo scelto, siano essi politici, filosofici, letterari, religiosi o che altro. Le nostre convinzioni sovente si trasformano in un filtro che deforma la nostra percezione della realtà e delle idee altrui, impedendoci di capirle e prima ancora di ascoltarle con l'attenzione che meritano. Quante volte, accorgendoci che chi sta parlando esprime pensieri diversi dai nostri, invece di ascoltare per cogliere la ricchezza del discorso, ci ritroviamo a elaborare fin da subito obiezioni al fine di difendere le nostre idee. Così queste, invece di essere un ponte per giungere anche laddove non arriveremmo con le nostre sole forze, si trasformano in una fortezza mentale paragonabile ai castelli medievali, che se da un lato proteggevano dalle insidie, dall'altro riducevano il mondo allo spazio ristretto delle loro quattro mura. Per questo tra le persone più convinte delle loro idee è molto frequente ritrovare una baldanzosa sicurezza che va di pari passo con un'angusta chiusura mentale.

Ne viene in conclusione un curioso paradosso: per essere libero devo essere fedele a me stesso inteso come corpo, carattere e idee, ma proprio seguendo il mio corpo, il mio carattere e le mie idee, mi ritrovo spesso incatenato. E tale prigione interiore è forse la più insidiosa, perché, essendo invisibile, mi dà l'illusione di essere libero. Per giungere alla libertà devo quindi diffidare di me stesso reprimendo il mio corpo, annullando il mio carattere, professando idee altrui?

17. Fedeltà all'autorità?

La storia in effetti presenta numerosi tentativi di raggiungere la libertà mediante la negazione dei diritti del corpo, della psiche e del libero pensiero per affidarsi interamente alle dottrine e ai precetti della tradizione. Nei secoli alle nostre spalle sono stati molti coloro che, aspirando alla libertà, hanno represso il corpo perché lo percepivano come la principale fonte di schiavitù, compiacendosi al riguardo di giocare sull'assonanza tra i termini greci per corpo e per tomba, *sôma* e *sêma*.[2] Da qui astinenze e mortificazioni di ogni tipo: ci si nutriva di pane e acqua al limite della sopravvivenza, ci si esponeva al rigore del freddo e all'arsura del caldo vestiti quasi di nulla, oppure al contrario, soprattutto se si trattava di donne, ci si copriva interamente lasciando scoperto solo il volto e rinchiudendosi a vita nella clausura monastica. Vi era chi trascorreva la vita in cima a una colonna (i cosiddetti *stiliti*), chi si faceva murare vivo (i cosiddetti *reclusi*), chi passava l'esistenza nel deserto nutrendosi di insetti e lavandosi solo con la sabbia (i cosiddetti *padri del deserto*). È infine facilmente immaginabile come tale negazione del corpo si traducesse in una sistematica repressione della sessualità, non solo in chi si dedicava alla vita religiosa, ma anche nei fedeli laici ai quali il sesso era consentito dal potere religioso solo all'interno del matrimonio e a fini esclusivamente riproduttivi (da qui le celebri parole del Principe di Salina a proposito del rapporto con la moglie: «Sette figli ho avuto con lei, sette; e non ho mai visto il suo ombelico. È giusto questo?»).[3]

La psiche veniva negata mediante la pedagogia detta *age contra*, cioè dell'agire in modo contrario rispetto alle inclinazioni naturali: «A te piace l'arte? Studierai diritto. Tu ami il giardinaggio? Lavorerai in infermeria». Le in-

[2] Così Platone riportando il pensiero orfico sul corpo-*sôma*: «E infatti alcuni lo chiamano *sêma* (tomba) dell'anima, come se essa vi si trovasse sepolta nella vita presente», da *Cratilo* 400 C; ed. it. a cura di Maria Luisa Gatti, in Platone, *Tutti gli scritti*, a cura di Giovanni Reale, Rusconi, Milano 1994[4], p. 149. In *Fedro* 250 C si parla della condizione umana dicendo che siamo «tumulati in questo sepolcro che ora ci portiamo appresso e che chiamiamo corpo, imprigionati in esso come l'ostrica», tr. di Giovanni Reale, in *Tutti gli scritti*, cit., p. 559. Sulla stessa linea *Fedone* 62 B e *Gorgia* 493 A.

[3] Giuseppe Tomasi di Lampedusa, *Il Gattopardo* [1957], Feltrinelli, Milano 1993, p. 38.

clinazioni naturali venivano ritenute espressioni della natura corrotta a seguito del cosiddetto *peccato originale*, e reprimerle era la condizione necessaria per ritornare sulla retta via. In questo modo l'uomo perfetto era considerato colui che raggiungeva la totale indifferenza, come appare da questo brano di sant'Ignazio di Loyola, che in parte ho già citato: «È perciò necessario renderci indifferenti rispetto a tutte le cose create, in tutto quello che è lasciato al nostro libero arbitrio e non gli è proibito; in modo che, da parte nostra, non vogliamo più salute che malattia, ricchezza che povertà, onore che disonore, vita lunga che breve, e così via tutto il resto».[4]

La libertà del pensiero infine veniva negata esaltando al sommo grado la virtù dell'obbedienza cui doveva sottomettersi chiunque aspirasse alla perfezione, tanto nella vita politica inchinandosi al re e alle altre autorità, quanto nella vita religiosa accettando i dogmi e i precetti ecclesiastici. Per la prospettiva politica valga questa frase di san Paolo: «Ciascuno sia sottomesso alle autorità costituite, infatti non c'è autorità se non da Dio: quelle che esistono sono stabilite da Dio. Quindi chi si oppone all'autorità, si oppone all'ordine stabilito da Dio. E quelli che si oppongono attireranno su di sé la condanna» (*Romani* 13,1-2). Per la prospettiva religiosa e teologica ecco quanto stabiliva sant'Ignazio di Loyola: «Per essere sicuri di non sbagliare dobbiamo sempre regolarci in questo modo: quello che io vedo bianco, credo che sia nero, se la Chiesa gerarchica stabilisce così».[5]

[4] Ignazio di Loyola, *Esercizi spirituali*, 23,5-6 [1548], a cura di Gaetano Piccolo, Garzanti, Milano 2016, p. 59.

[5] *Ivi*, 365,1, p. 253. È la tredicesima delle «Regole da osservare per avere l'autentico sentire nella Chiesa militante» stabilite dal fondatore dei gesuiti. La prima è: «Deposto ogni giudizio, dobbiamo tenere l'animo di-

Il processo di secolarizzazione della modernità ha certo molto migliorato la situazione quanto alla percezione e al trattamento del corpo e della psiche, ma quanto al rapporto dei singoli con le idee non mi pare siamo messi molto meglio. Il Novecento ha finito per produrre prima l'obbedienza politica di sinistra all'insegna della cosiddetta «disciplina di partito» e poi l'obbedienza politica di destra all'insegna del motto «credere obbedire combattere», entrambe non meno dogmatiche e non meno inquisitoriali dell'antica disciplina ecclesiastica, e di certo più sanguinose. Ai nostri giorni infine la crisi delle ideologie politiche non mi pare abbia portato a una maggiore libertà dei singoli rispetto alle loro idee, ma, molto più spesso, all'assenza delle stesse.

Quale libertà dunque? Se ci affidiamo a noi stessi, precipitiamo nella schiavitù del corpo, della psiche e delle idee; se al contrario ci affidiamo alla tradizione e all'autorità altrui, precipitiamo in un'altra schiavitù, forse peggiore. C'è qualche via di uscita per dare un contenuto legittimo al concetto di libertà o ci troviamo in presenza di un'illusione, e nessuno che sia davvero consapevole della sua condizione può ritenersi veramente libero?

18. Libertà = caos

I concetti devono essere simili a funi reggendosi alle quali si è condotti a immergersi più profondamente nella realtà: se lo sono, vanno mantenuti e approfonditi; se non lo sono, occorre liberarsene, perché allontanano

sposto e pronto per obbedire in tutto alla vera sposa di Cristo nostro Signore che è la nostra santa madre Chiesa gerarchica», *ivi*, 353, p. 251.

dalla realtà facendo evadere la mente in mondi inesistenti. Ora, come stanno le cose con il concetto di libertà? Da sempre alcuni sostengono che sia reale, altri solo un'ingenua illusione. È possibile individuare la realtà per esprimere la quale esso è sorto e verso la quale ci dovrebbe condurre? Cosa diciamo dicendo *libertà*?

La mia tesi è la seguente: il concetto di libertà esprime il caos che in parte abita la nostra mente. Dicendo libertà si rimanda a quella dimensione del nostro essere che, per usare un'espressione della fisica, è possibile denominare «principio di indeterminazione». Io penso infatti che l'indeterminazione non riguardi solo la velocità e la posizione delle particelle subatomiche; riguarda anche la vita della nostra mente, la direzione delle nostre passioni e soprattutto la condizione del nostro cuore, di cui possiamo nominare la posizione solo se esso nel suo battito non procede troppo veloce. Succede infatti che quando esso oltrepassa una certa velocità, diviene impossibile per noi indicarne la posizione: potrebbe trovarsi dall'altra parte della Terra, essersi insediato nel petto di un'altra persona, essere invecchiato all'improvviso di anni, oppure tornato indietro a quand'era bambino. Sto dicendo che anche per la nostra energia psichica più delicata e più impalpabile, alla quale ci riferiamo solitamente dicendo *cuore*, vale il principio di indeterminazione, e che il concetto di libertà è sorto proprio per nominare l'insondabile caos interiore che ci abita e che talora prende possesso di noi. Di conseguenza sostengo la formula: libertà = indeterminazione; libertà = caos.

È per questo che, esattamente come il caos, la libertà ha un potere creativo e distruttivo al contempo. Il caos ha un potere creativo perché da esso provengono tutte le cose, come testimoniano i miti cosmogonici dell'umanità, tra cui la *Teogonia* di Esiodo (verso 116: «Primo fu caos») e la Bibbia ebraica (*Genesi* 1,2: «La terra era informe e deserta e le tenebre ricoprivano l'abisso»). Lo stesso si deve dire della libertà, che è condizione di possibilità della potenza creativa della mente umana, perché se questa non fosse dotata di libertà sarebbe condannata a muoversi sempre all'interno della medesima struttura, come avviene a tutte le altre specie vegetali e animali. Il caos però ha anche un potere distruttivo: scompagina, deforma, inghiotte, riconduce al livello zero. Lo stesso si deve dire della libertà, che è condizione di possibilità della potenza distruttiva che pure contraddistingue il fenomeno umano con la sua immensa capacità di male e di perversione, a differenza degli altri animali che, privi di libertà, non conoscono se non la necessità e l'innocenza della natura: quando le formiche legionario distruggono ogni cosa lungo la marcia, non fanno che seguire fedelmente il loro istinto, in esse non c'è male ma perfetta obbedienza. Il male invece è disobbedienza, e tale possibilità di disobbedire è data dal non essere sempre del tutto determinati: la causa del male è l'indeterminazione, il caos della nostra condizione, quel magma incandescente detto libertà.

19. Libertà = caos + consapevolezza

Ho sostenuto che la realtà fisica espressa dal concetto di libertà è il caos magmatico che abita ogni essere umano. Anche nella natura però esiste il caos. Esso è protagonista di molti fenomeni naturali, tra cui le dinamiche subatomiche indagate dalla meccanica quantistica, i fenomeni meteorologici, la dinamica dei gas. È all'opera anche nelle cellule, comprese quelle del nostro corpo, quando queste replicano se stesse in modo difforme producendo mutazioni, le quali solitamente risultano dannose e sono all'origine delle malattie genetiche, mentre altre rarissime volte risultano fruttuose e sono all'origine di quell'incremento di complessità che chiamiamo evoluzione. Il caos è parte strutturale del farsi della natura. La natura cioè mostra di non essere soggetta a una rigida determinazione che la mantiene sempre uguale a se stessa; al contrario è creativa, capace di nuovo, e precisamente per questo produce il maestoso processo dell'evoluzione che dal caos informe dei primordi ha condotto alla vita e all'intelligenza.

A proposito della natura però è improprio parlare di libertà. Si può dire che la natura è caotica, anche creativa, ma non libera. Ne viene che il caos è sì una condizione necessaria per il darsi della libertà, ma non è sufficiente per giungere alla pienezza del fenomeno; oltre al caos e all'indeterminazione occorre qualcos'altro.

Io sostengo che questo qualcos'altro è la *consapevolezza*, ovvero quella condizione della mente che non solo è cosciente ma *sa* di essere cosciente e che da questo suo sapere fa procedere un preciso *volere*. La consapevolezza non è la mera coscienza che fa percepire il mondo esterno, la quale è presente in modo più o meno evoluto in ogni forma di vita; la consapevolezza è piuttosto l'autocoscienza che può giungere a sapere dell'indeterminazione caotica che la abita e quindi può anche riconsiderare le azioni compiute e così modificare il proprio istinto e riformare il proprio agire, giungendo a volere in modo nuovo e diverso. Tale consapevolezza autocosciente può divenire talora così acuta da far sperimentare il dilemma della scelta, quando cioè si percepisce di essere a un bivio e di dover imboccare una strada oppure l'altra, sperimentando quel senso di indecisione che a volte diviene tremore, a volte paura, perché si intuisce quanto le cose muteranno in base alle parole che diremo o non diremo, quanto cioè la nostra azione potrà, per noi stessi o qualcun altro, risultare fatale. La consapevolezza talora si trasforma in un duro fardello, ma è solo mettendola in gioco che ha senso parlare di libertà.

20. È lo spirito

Ho definito la libertà come caos + consapevolezza, formula che si può anche ritrascrivere come caos + logos. Ora il caos è presente da subito nell'energia primordiale. Ma da dove viene la consapevolezza?

Diceva Eraclito: «È proprio dell'anima un logos che accresce se stesso».[6] Con queste parole l'antico filosofo rimandava al lungo lavoro dell'essere-energia dentro di noi che non si ferma neppure al livello della psiche ma prosegue la sua ascesa generando un ulteriore livello del processo in cui consistiamo, o in cui, per meglio dire, possiamo giungere a consistere: mi riferisco al livello tradizionalmente detto *spirito*, e che io ritengo la sorgente della consapevolezza e quindi della libertà vera e propria.

Dicendo *spirito* si intende rimandare non alle usuali occasioni della vita nelle quali ci limitiamo a *reagire*, come fa il corpo che reagisce agli stimoli della fame o alla temperatura dell'ambiente, e come fa la psiche che reagisce alle simpatie e alle antipatie provocate dall'impatto tra il nostro carattere e quello degli altri; con *spirito* si intende rimandare a quelle rare occasioni in cui siamo in

[6] Il detto di Eraclito in Diels-Kranz 22 B 115, in *I Presocratici. Testimonianze e frammenti*, cit., p. 219.

grado piuttosto di *agire*, cioè di creare qualcosa che prima non c'era, di porre il nuovo e il diverso, e di farlo spontaneamente, anche solo dicendo *no* quando tutti dicono sì, per esempio con un atto di resistenza contro un tiranno, oppure dicendo *sì* quando tutti dicono no, per esempio con un atto di giustizia verso un emarginato. Questo avviene perché in quelle occasioni non subiamo la situazione ma la penetriamo con la luce della mente e così la comprendiamo da un livello superiore, la guardiamo come dall'alto e quindi la dominiamo, in un certo senso la trascendiamo, e per questo possiamo operare *su* di essa e non più solo *dentro* di essa. Proprio per sottolineare questa dimensione di superiorità o trascendenza sul contesto immediato insita nella vera intelligenza, la sapienza antica ha designato l'atto dell'intelletto come un atto spirituale: infatti *noûs* in greco significa sia «intelletto» sia «spirito».

Possiamo avere un'idea degli atti che meritano propriamente il nome di *azioni* e non di semplici *reazioni*, e che per questo esprimono in pienezza la libertà, se pensiamo alle creazioni artistiche e intellettuali come la composizione musicale, la scrittura poetica e letteraria, la pittura e la scultura, il pensiero filosofico e teologico, l'impresa scientifica: manifestazioni del fenomeno umano che non sono concepibili senza mettere in gioco la libertà. Ancor più che l'estetica e la cultura però, l'ambito in cui si manifesta la nostra indipendenza creativa dalla realtà è, a mio avviso, l'etica. Quando in un quartiere degradato dove comandano i criminali e molti sono collusi con la malavita, e dove nel migliore dei casi ci si adatta a una fredda indifferenza verso la giustizia, qualcuno decide di lottare attivamente contro il malaffare, che tipo di azione compie? Quando in un'azienda in cui è risaputo il livello di corruzione dei dirigenti e nessuno parla per non perdere il posto, qualcuno decide di denunciare il malaffare, che tipo di azione compie? Quando in una classe in cui il gruppo dei più forti si accanisce regolarmente contro un ragazzo che ha dei problemi maltrattandolo in vari modi, qualcuno decide di prendere le difese di quel ragazzo, che tipo di azione compie? In tutti questi casi non si tratta di azioni che seguono la corrente, ma di azioni che vanno piuttosto contro la corrente: ora, qual è la forza che in alcuni esseri umani si sprigiona in quei momenti e che permette di risalire la corrente?

L'orientamento biologico cura gli interessi del corpo e sconsiglia vivamente azioni che si possano rivelare biologicamente nocive; lo stesso vale per l'orientamento psichico, che solitamente indirizza verso interessi definibili come piacere, potere, consenso, agiatezza economica. È quindi solo una più limpida capacità di leggere la situazione, da cui discende la visione di un più alto interesse, a condurre un essere umano dalla parte della giustizia quando tutto nel suo ambiente e nella sua emotività lo induce al contrario.

Ne viene che in quelle rare ma reali occasioni in cui esercitiamo la creatività, sia essa teoretica o estetica o soprattutto etica, emerge la nostra capacità di relazionarci in modo diverso rispetto al nostro ambiente: qui si esprime un'indipendenza dalle condizioni interne ed esterne dell'esistere che può generare una creazione spontanea del nuovo e un pensiero che va controcorrente. In chi conduce la sua esistenza secondo questa indipendenza si genera un permanente modo di stare al mondo per descrivere il quale si usa dire che quella persona è uno *spirito libero*.

Un essere umano però è veramente libero solo se lo è anzitutto da se stesso e dal suo personaggio, o addirittura dai diversi personaggi che la vita gli fa recitare nell'ambito delle variegate situazioni che costituiscono l'intreccio dell'esistenza. E questa libertà di sé rispetto a sé non è per nulla scontata, neppure in coloro che appaiono agli altri come spiriti liberi. Anzi, a questo riguardo occorre considerare che non sono pochi coloro che mirano a passare come supremamente indipendenti rispetto al mondo e alle sue convenzioni, ma finiscono in realtà per essere vittime di una schiavitù interiore verso il proprio anticonformismo ancora più pesante e talora ridicola.

Si tratta di praticare incessantemente il precetto che si trovava scritto sull'architrave del tempio di Apollo a Delfi quale supremo avvertimento per chiunque si apprestasse a varcarne la soglia: «Conosci te stesso».[7] Ma chi è il soggetto che conosce l'io, se non ancora l'io? Ne viene che all'interno dell'io si dà la possibilità di essere soggetto e oggetto nello stesso tempo, si dà la possibilità di salire sopra se stessi e di guardarsi come dall'alto, quasi come se si trattasse di un'altra persona: l'io che sale al piano superiore e guarda giù, designato in greco *noûs*, è definito dalla tradizione teologica *spirito* o *anima spirituale*; l'io rimasto al piano inferiore e che viene osservato è l'io psichico, detto dalla tradizione *anima psichica.*

Si nasce alla consapevolezza e alla piena libertà rispetto al proprio ambiente e rispetto a se stessi quando si impara a conoscere il proprio autentico sé.

[7] Così Senofonte riporta il dialogo di Socrate con Eutidemo: «Dimmi, sei già andato qualche volta a Delfi?». «Due volte, per Zeus.» «E hai visto allora che sul tempio, da qualche parte, c'è scritto "conosci te stesso"», da *Memorabili*, IV, 24; ed. it. a cura di Anna Santoni, Bur, Milano 2010[6], p. 323.

21. Esercizi

Ognuno dei tre modi fondamentali del nostro esistere (corpo, psiche, spirito) richiede particolari esercizi. Fin da bambini impariamo a fare esercizi fisici: su le braccia, giù le braccia, piegamenti, allungamenti, sollevamenti, flessioni, salti, camminate, corse (oggi si dice stretching, footing, walking, jogging, running, trekking, ma la sostanza non cambia). Ogni giorno facciamo anche esercizi psichici quando scegliamo quale musica ascoltare, quali persone frequentare, con quali film passare la serata, da quali narratori farci intrattenere, quali mostre visitare. Molto più raramente ci occupiamo dello spirito e del suo esercizio, molto più raramente cioè ci disponiamo a salire con la mente al di sopra del nostro corpo e della nostra psiche al fine di chiarire a noi stessi chi vogliamo essere, cosa intendiamo raggiungere, dove stiamo andando e perché, e con quale stile. Non è più molto praticato l'esercizio detto *esame di coscienza*, consistente nel *pensare se stessi*.

Attenzione: è comunissimo il pensare *a* se stessi. Tutti noi, pressoché sempre, pensiamo a noi stessi, nel senso che siamo avvolti nei meandri della psiche con il suo narcisismo egoico, i suoi sensi di colpa, le sue paure, i suoi innumerevoli complessi, così che spesso, proprio perché continuiamo a pensare a noi stessi, percepiamo la realtà non per quello che è, ma con il filtro ben poco trasparente della soggettività, finendo per vedere cose che non ci sono e per non vedere cose che invece esistono. Ci capita così di stimare più del dovuto persone comuni che però ci sono care (o che abilmente sono riuscite a diventarci tali) e invece di non cogliere la ricchezza di persone speciali che però ci lasciano psichicamente indifferenti. Per lo stesso motivo a volte ingigantiamo arbitrariamente la gravità delle situazioni provando ansia e paura laddove non c'è nulla da temere, o viceversa rimaniamo tranquilli in situazioni da cui dovremmo al più presto fuggire. Tutto ciò dipende dal fatto che, invece di pensare la realtà e noi al suo interno mediante un atto di superiore intelligenza, sappiamo solo pensare a noi stessi, del tutto identificati con il nostro ego e le sue innumerevoli e mutabili esigenze.

Di contro a ciò, l'esercizio dello spirito è funzionale a un'adesione più veritiera e più stabile alla realtà, che si dà nel momento in cui non ci identifichiamo più interamente con il nostro ego, ma iniziamo a vedere anch'esso come un oggetto tra i tanti, allo stesso modo di quella nuvola là in alto, di quell'onda che sta arrivando, di quella signora con un cagnolino sulla panchina di fronte. Inizio così a guardare il mio ego con lo stesso distacco e la stessa obiettività che dirige il mio sguardo sulla nuvola, sull'onda, sulla signora e il suo cagnolino. Smetto di pensare *a me stesso*, e inizio a pensare *me stesso*: non sono più io cioè il fine del mio pensare, come suggerisce il complemento di termine indicando che il mio pensiero *termina* a me, ma divengo anch'io un oggetto della mia attività mentale, come indicato per l'appunto dal complemento *oggetto*. Il fine verso cui si indirizza il lavoro della mia mente non è più l'incremento del mio ego in termini di piacere, prestigio, potere, ricchezza, ma è la realtà per quello che appare e per come io riesco a coglierla mentre mi si manifesta. E a poco a poco divengo libero riscattandomi dalla più insidiosa schiavitù: quella interiore verso me stesso.

Sono del tutto consapevole che dal mio ego in senso cognitivo o epistemico non posso prescindere, perché sarà sempre e comunque tramite la mia mente che la realtà apparirà in me: avrò cioè sempre a che fare con oggetti in quanto fenomeni che appaiono alla mente, mai con le cose in se stesse in una purezza non contaminata dai miei filtri soggettivi. Sono però altrettanto consapevole che posso prescindere dal mio ego in senso etico o motivazionale, in quanto posso disinnescare il desiderio che sta al suo fondo e che lo porta inevitabilmente a vedere e a giudicare tutte le cose a partire da sé, dalla propria volontà di potenza, dalla propria paura, dal proprio desiderio di piacere e dai molti altri condizionamenti interni. Se giungo a pensarmi con lo stesso distacco critico e la stessa pretesa di obiettività con cui considero quella nuvola là in alto, entro in una condizione mentale che assopisce in me la voracità e la cecità del desiderio: così non sarò più io il fine in base al quale valuto tutte le cose, non sarò più io il centro di gravità del mio universo mentale e del mio desiderio. In questo modo la realtà, non più soggetta all'attrazione gravitazionale del mio ego, mi apparirà meno deformata e il mio rapporto con essa sarà più autentico. E io sarò meno prigioniero.

Dall'ego non posso uscire, però lo posso trasformare. Questa trasformazione o conversione dell'ego è il lavoro spirituale, è la meta verso cui gli esercizi spirituali in quanto esercizi di libertà possono condurre.

22. *Trasformazione*

Si diventa veramente liberi quando ci si libera dai fantasmi della mente; quando si mette a tacere l'ego con le sue pretese e le sue paure e si apre la mente all'aria pulita della realtà; quando si depone il desiderio di autoaffermazione e ci si accinge a servire il mistero dentro cui siamo capitati nascendo. Si tratta di cambiare. Il compito consiste in un'azione, un cambiamento, una trasformazione. Il pensiero-rumore: trasformarlo in pensiero-silenzio. Il pensiero-sospetto: trasformarlo in pensiero-fiducia. Il pensiero-conquista: trasformarlo in pensiero-contemplazione. Il pensiero al servizio dell'io: trasformarlo in pensiero al servizio del mondo. Il pensiero-ansia che rosica dentro: trasformarlo in pensiero-sorgente di pace. La realizzazione di questo lavoro interiore finalizzato alla trasformazione è ciò che consegna l'esperienza spirituale a chi la conduce con gioia e con serietà.

Tale passaggio dal primato dell'ego al primato della realtà inizia quando il desiderio di parlare cede il passo al desiderio di ascoltare. È quanto la tradizione spirituale denomina «dimensione contemplativa della vita».[8] L'ascolto può giungere a una tale attenzione e a un tale rispetto verso la realtà da cui veniamo e in cui siamo immersi da poter essere propriamente definito *religioso*, per riprendere l'espressione di un maestro spirituale dei nostri giorni, Andrea Schnöller, che definisce tale liberante disposizione interiore «religioso ascolto della realtà».[9]

Con tale aggettivo non si intende un ascolto orientato alle pratiche e alle credenze religiose, bensì una disposizione molto più originaria e primitiva, quell'atteggiamento a metà tra meraviglia, timore e stupore che contraddistingue la mente ancora innocente nel suo incontro con la realtà. Si intende rimandare all'incanto generato dalla bellezza e dalla serietà del mondo, e dallo sperimentare la vita come mistero.

[8] Cfr. Carlo Maria Martini, *La dimensione contemplativa della vita*, lettera alla diocesi di Milano per l'anno pastorale 1980-1981, ora in *Le ragioni del credere. Scritti e interventi*, a cura di Damiano Modena e Virginio Pontiggia, Mondadori, Milano 2011, pp. 1237-1261.

[9] Andrea Schnöller, *Parole dal silenzio. Oltre i confini*, a cura di Piero Cappelli, Gabrielli Editori, San Pietro in Cariano 2012, p. 40.

Il tempo da cui veniamo è stato vissuto all'insegna del «disincanto del mondo» (*Entzauberung der Welt*), come un secolo fa ebbe a dichiarare Max Weber in una celebre conferenza a Monaco di Baviera.[10] Di contro a quel programma che assegnava il primato alla capacità di capire il mondo mediante la scienza e di modificarlo mediante la tecnica, e i cui effetti sono la crescente crisi ecologica dentro cui siamo precipitati nonché tutte le altre forme di crisi che essa suppone e rilancia, oggi è il momento, io penso, di un nuovo *incanto*: di un ritorno a una seconda ingenuità, che faccia riscoprire il primato della meraviglia e dello stupore.

Sono del tutto consapevole che sto scrivendo su questo computer grazie alla tecnologia e che sempre grazie a essa tutti leggeranno queste mie parole sul supporto che ognuno avrà scelto: sempre grazie alla tecnologia si sono prodotti notevoli miglioramenti nella nostra esistenza cui nessuno giustamente intende rinunciare e che trovano nell'allungamento della durata media della vita la loro più palese dimostrazione. Non sto sostenendo la cancellazione della dimensione tecnologica, che del resto sarebbe un programma del tutto irrealistico, non sto propugnando il ritorno a una sprovveduta prima ingenuità. Sostengo piuttosto una *seconda* ingenuità. Essa dovrebbe consistere non nel sopprimere la dimensione tecnologica, ma nel porla in funzione di qualcosa di più importante, di un ideale non tecnico, non manipolabile, non strumentalizzabile; di qualcosa che, come dice l'etimologia di ingenuo, è «nato dentro», è innato, e quindi non riguarda ciò che dobbiamo fare ma ciò che già siamo nella nostra profondità: non una prestazione, ma una condizione.

[10] Cfr. Max Weber, *La scienza come professione* [1917], ed. it. a cura di Paolo Volonté, Bompiani, Milano 2008, pp. 87-89 e 129.

La visione della vita all'insegna del primato del dominio tecnico calcolante e dell'efficacia produttiva ha ridotto la vita a una serie continua di obblighi e prestazioni da espletare, a target da raggiungere, a primati da superare: la vita come catena di montaggio. Si tratta di una pericolosa malattia interiore da cui bisogna sapersi curare e, per chi ne ha la fortuna, guarire.

Occorre coltivare una mente nuovamente capace di incanto, che non presuma di sapere già tutto sul significato del nostro passare nel mondo, ridotto a una cava da cui estrarre quanto più materiale possibile. La vera posta in gioco infatti non è la modifica del mondo là fuori per *avere* di più, quanto piuttosto la trasformazione del nostro mondo qui dentro per *essere* di più: si tratta di trasformarsi per giungere a essere liberi.

23. Il pensiero, veleno e medicina della libertà

In quanto corpo noi non saremo mai liberi, né lo saremo in quanto psiche: lo possiamo faticosamente diventare solo in quanto spirito e la principale manifestazione dello spirito è il pensiero, non necessariamente sotto forma di pensieri teoretici, ma anche, come già detto, sotto forma di produzioni artistiche e scelte etiche che nascono prima nell'interiorità e poi si manifestano esteriormente.

Il pensiero può essere la sorgente della liberazione perché in esso risiede, prima ancora, la principale e più dura prigionia. Sono almeno tre le prigioni in cui esso rinchiude più o meno tutti noi: il rumore, l'ego, l'ideologia. Il pensiero imprigiona anzitutto perché produce ininterrottamente rumore, quel continuo e insoddisfatto rimuginare, quel lavorìo di fondo che non ha tregua e che scava giorno e notte dentro di noi. Si tratta di un tarlo nascosto che non cessa di insinuarsi di soppiatto nell'interiorità, e che ingigantisce, esagera, deforma e può persino diventare ossessivo generando un permanente assedio della mente, privata di ogni contatto diretto con la realtà. Da qui sospetti e gelosie, laddove non vi sono motivi per sospettare o essere gelosi di nulla; da qui l'incapacità di ascoltare e di vedere le cose per quello che realmente sono. Significativamente, è dal termine *pensiero* che proviene il termine *paranoia*: «Paranoia è un'antica parola greca: *nóos* è il pensiero, *para-* l'andare al di là».[11]

La forma più frequente di pensiero paranoico si manifesta nella considerazione di sé da parte dell'ego, la seconda grande prigionia a cui il pensiero incatena. Si pensa se stessi andando al di là dei limiti reali e ci si gonfia, o ci si sgonfia, a dismisura. Nel primo caso l'ego si crogiola nel suo personaggio, nel suo avere relazioni *che contano*, nel suo sapere, nel suo potere, nel suo essere *importante*. Nel secondo caso l'ego è schiacciato dal peso delle sue paure e vorrebbe persino scomparire sentendosi perennemente inadatto, incapace, inferiore.

Di queste manifestazioni patologiche più che al singolare dicendo *pensiero* si dovrebbe parlare al plurale dicendo *pensieri*, sinonimo di fastidi, preoccupazioni, ansie, paure, follie, illusioni o, per l'appunto, paranoie, cioè pensieri *al di là*, pensieri *ingrassati*. Questi pensieri arrivano quando vogliono loro, il più delle volte non richiesti e non graditi, e da essi è necessario liberarsi per giungere a essere finalmente liberi: liberi in quanto *spensierati*.

Un'ulteriore forma di pensiero-prigione si manifesta nella dipendenza da dottrine altrui: è il pensiero-ripeti-

[11] Luigi Zoja, *Paranoia. La follia che fa la storia*, Bollati Boringhieri, Torino 2011, p. 23. *Nóos* è un'altra versione di *noûs*.

tore, il pensiero-portavoce, il pensiero-portaborse. Si tratta di una prigionia della mente molto diffusa. Io l'ho sperimentata in quelle circostanze in cui mi ritrovavo a dover difendere decisioni prese da altri e che io, avendo fatto professione di cattolicesimo, ero tenuto a fare mie pur senza scorgerne la verità interiore. Naturalmente questa forma di pensiero-prigione non riguarda solo i cattolici, riguarda tutti coloro che fanno professione di una fede definita, compresi coloro che aderiscono all'ateismo in quanto fede negativa che esclude *dogmaticamente* l'esistenza di ogni forma di trascendenza. Tale forma di pensiero servile riguarda anche la politica, l'economia, il diritto e in genere le varie forme di cultura, tutte più o meno suddivise in scuole di pensiero e di potere. È assai diffusa persino nell'ambito dello sport, dove non si esita a parlare di *fede* (la cosiddetta fede calcistica) e dove vi sono difensori così zelanti della propria squadra da non temere confronti con i più fervorosi missionari del proselitismo religioso.

Ma se il pensiero è causa di prigionia, può essere anche la sorgente della liberazione. Esso è veleno e insieme è medicina della libertà. Come infatti non c'è medicina che possa ignorare l'infezione che vuole curare (non a caso il termine greco *phármacon* significa sia farmaco sia veleno), così non c'è via di salvezza che possa fare a meno di attraversare la prigione. Il pensiero può essere medicina proprio perché è stato, ed è sempre ancora, veleno.

Che infatti un pensiero possa essere paranoico, lo può riconoscere solo un altro pensiero; e che il pensiero possa essere una prigione, lo può vedere solo un altro pensiero. A noi non è dato uscire dal pensiero, non possiamo non pensare; possiamo solo trasformare il pensiero. Quattro secoli fa, nelle sue carte pubblicate postume, così scriveva il matematico e filosofo francese Blaise Pascal: «Sforziamoci dunque di pensare bene: questo è il principio della morale».[12]

24. Individui pensanti (ma con il cuore)

Mentre si trovava a Gerusalemme nell'ultimo periodo della sua vita, quando non era più arcivescovo di Milano, il cardinale Carlo Maria Martini dichiarava a un amico gesuita: «Mi angustiano le persone che non pensano, che sono in balìa degli eventi. Vorrei individui pensanti. Questo è l'importante. Soltanto allora si porrà la questione se siano credenti o non credenti».[13]

Condivido pienamente questa affermazione. Non concordo infatti con le prospettive spirituali che guardano al pensiero con sospetto ritenendolo inutile o persino dannoso e che di conseguenza tendono ad annullarlo, al fine di far prevalere la parola del loro libro sacro o di condurre all'estinzione dell'io e del suo desiderio di vita. C'è tutto l'immenso lavoro del cosmo, antico di miliardi di anni, dietro la nostra possibilità di dire «io» e di articolare il pronome personale dicendo «io penso», oppure «io non sono d'accordo», e non mi sembra né giusto né logico tendere a smontare questo incommensurabile lavoro della natura, unica sorgente peraltro della nostra possibilità di libertà. Credo piuttosto che tale lavoro cosmico alla base della libera coscienza pensante vada rafforzato e

[12] Blaise Pascal, *Pensieri*, n. 347, ed. Brunschvigc; ed. it. in *Pensieri e altri scritti*, a cura di Gennaro Auletta, Mondadori, Milano 1994, p. 240.

[13] Carlo Maria Martini e Georg Sporschill, *Conversazioni notturne a Gerusalemme. Sul rischio della fede* [2007], tr. di Francesca Gimelli, Mondadori, Milano 2008, p. 64.

approfondito, imparando, come diceva Pascal, *à bien penser.* Ma cosa significa veramente pensare?

Il termine *pensare* fa parte di quei concetti definibili concetti-madre, così profondi da toccare la stessa dinamica della vita, per cogliere i quali non è sufficiente affidarsi a una sola lingua ma occorre convocarne diverse.

Dicono i filologi che il verbo italiano *pensare* (analogo al francese *penser*, allo spagnolo e al portoghese *pensar*) venga dal verbo latino *pendĕre*, participio passato *pensum*, che significa «pesare». Suoi sinonimi sono infatti «soppesare» e «ponderare» (*pondus* in latino significa «peso»), e quando una cosa non è pensabile si dice che è *imponderabile.* La mente viene qui raffigurata come una bilancia a due piatti che pesa comparando due entità, i pesi predefiniti e l'oggetto da pesare, con l'atto della pesatura che risulta dal punto di equilibrio tra i due piatti. La mente pensa istituendo una relazione tra il suo patrimonio e la nuova informazione, mentre se non sa creare tale relazione non può pensare (e infatti di un ambito sconosciuto ci possono dire quasi qualsiasi cosa, mentre su quanto conosciamo il nostro pensiero è vigile perché dispone dei pesi adeguati per vagliare l'informazione proposta). La mente pensa nel senso che pesa e soppesa, è una specie di tribunale a forma di bilancia.

In latino pensare si dice *cogito*, infinito *cogitare.* Dicono i filologi che *cogito* ha una duplice provenienza: la prima è *co-agito*, formato dalla preposizione *cum* e dal verbo *agitare*, per cui *cogitare* deriva da *cum agitare*; la seconda è *cogere*, verbo che significa «spingere insieme, raccogliere, costringere», da cui l'italiano «cogente». Nel primo caso l'azione a cui si rimanda può essere paragonata a quella di prendere un pensiero e il suo contrario per agitarli insieme, come se si trattasse di shakerare per preparare un cocktail. Prendi questo dato, poi quest'altro, poi quest'altro ancora e agita con forza: dall'agitazione nasce caos, disarmonia, conflitto, ma solo così può anche uscire qualcosa di nuovo e di prezioso. Io sono convinto della grande importanza che nella vita vi siano momenti di *cum agitatione*, momenti di dissidio e di dissenso, di apertura al caos e alla sua imprevedibilità, momenti di crisi. Ritengo sia un processo pressoché indispensabile per crescere «in sapienza e grazia», come il Vangelo dice di Gesù ragazzo (*Luca* 2,52) dopo che aveva disobbedito ai genitori rimanendo tra i dottori del tempio di Gerusalemme invece di tornare a casa con loro. Se nella vita non si aprono mai le porte della mente alla *agitatio* non si avrà mai una reale *cogitatio*, e senza pensiero non si cresce spiritualmente. Per questo il cardinal Martini assegnava tanta importanza al pensiero, dicendo di volere anzitutto «individui pensanti», e che questo fosse ancora più importante dell'essere credenti o non credenti.

In greco antico pensare si dice *noéō*, infinito *noeîn* (da cui il diffuso composto *dianoeîn* e il sostantivo *diánoia*). *Noeîn* rimanda a *noûs*, «mente, intelletto, spirito», per cui qui si designa l'attività del pensiero primariamente come contemplazione. Questa prospettiva certamente suppone l'immersione nella vita perché altrimenti non ci sarebbe nulla da contemplare, e tale immersione non è mai senza dolore, tant'è che persino secondo Aristotele «il pensare è una specie di patire».[14] Tuttavia questa prospettiva suppone anche un passo indietro rispetto al fluire della vita: è il pensiero come distacco. Non ci può essere vera contemplazione infatti senza un momento di distacco, senza

[14] Aristotele, *Dell'anima*, 429 B 24-25; ed. it. in *Opere*, vol. IV, tr. di Renato Laurenti, Laterza, Roma-Bari 2001[6], p. 175. Devo la citazione ad Alberto Jori, *Aristotele*, Bruno Mondadori, Milano 2003, p. 218.

l'introduzione di uno spazio vuoto o di silenzio tra tutte le scene che compongono il film della vita.

In tedesco pensare si dice *denken*, e a questo riguardo Martin Heidegger giocava sull'assonanza tra *denken* e *danken*, verbo che significa «ringraziare». Scriveva il filosofo: «Se a volte non ci fosse un pensare (*Denken*) nascosto nel fondamento essenziale dell'uomo storico, allora questi non sarebbe mai in grado di ringraziare (*Danken*), posto che in ogni ripensare (*Bedenken*) e in ogni ringraziare (*Bedanken*) deve pur esserci un pensiero che pensi in modo iniziale la verità dell'essere».[15] Tale assonanza rivive anche nella lingua inglese, dove pensare è *to think* e ringraziare è *to thank*. Ne viene che il pensiero appare qui come un ulteriore approfondimento della dimensione contemplativa, addirittura come una forma di ringraziamento, e il senso più vero del ringraziamento appare a sua volta come pensiero. Anche l'italiano esprime questo legame tra pensare e ringraziare mediante il verbo *riconoscere*, che nella forma verbale dice una forma improvvisa di conoscenza («mi hanno riconosciuto all'istante»), mentre nei due sostantivi derivati *riconoscenza* e *riconoscimento* dice un senso di gratitudine («per lei avrò sempre riconoscenza») e una sua manifestazione concreta («ho avuto un bel riconoscimento del mio lavoro»). Il pensiero quindi può giungere a essere contemplativo e capace di portare doni, si potrebbe dire *eucaristico*, proprio nel senso etimologico del termine *eucaristia*, cioè «ringraziamento», «azione di grazie».

Purtroppo la modalità con cui il più delle volte noi occidentali esercitiamo il pensiero non conduce né a con-

[15] Martin Heidegger, *Poscritto a «Che cos'è la metafisica?»* [1943], in *Segnavia* [1967], a cura di Friedrich-Wilhelm von Herrmann, ed. it. a cura di Franco Volpi, Adelphi, Milano 1994^3, p. 264.

templare né a ringraziare, in quanto mira piuttosto a una ponderazione finalizzata alla presa di possesso, al controllo, al dominio, alla manipolazione. Da qui l'ansia sempre più frequente prodotta in noi dal pensare. È quanto esprimeva a suo modo Ochwìa Biano, nome che significa Lago di Montagna, capo del popolo nativo-americano dei Pueblos Taos, durante un colloquio con lo psichiatra e antropologo svizzero Carl Gustav Jung. Dell'intenso dialogo riporto il passo centrale così come viene narrato da Jung:

> «Vedi», diceva Ochwìa Biano, «quanto appaiono crudeli i bianchi. Le loro labbra sono sottili, i loro nasi affilati, le loro facce solcate e alterate da rughe. I loro occhi hanno uno sguardo fisso, come se stessero sempre cercando qualcosa. Che cosa cercano? I bianchi vogliono sempre qualcosa, sono sempre scontenti e irrequieti. Noi non sappiamo che cosa vogliono. Non li capiamo. Pensiamo che siano pazzi.»
> Gli chiesi perché pensasse che i bianchi fossero tutti pazzi.
> «Dicono di pensare con la testa», rispose.
> «Ma certamente. Tu con che cosa pensi?» gli chiesi sorpreso.
> «Noi pensiamo qui», disse, indicando il cuore.[16]

Abbiamo bisogno di una sapienza che ci riconduca a pensare con il cuore. Abbiamo bisogno di tornare a sapere che nella vita della mente, oltre ai momenti comuni di ponderazione e di agitazione, vi sono occasioni dove l'agitazione si placa e si può raggiungere la pace interiore. Il senso specifico del lavoro spirituale consiste nel servire proprio questa dimensione, quando la mente si acquieta e gusta il suono del silenzio, la pace interiore, la gioia intima del cuore, la più profonda liberazione.

[16] Carl Gustav Jung, *Ricordi, sogni, riflessioni. Raccolti ed editi da Aniela Jaffé* [1961], tr. di Guido Russo, Bur, Milano 2013, p. 303.

25. *Commedia: ridere e sorridere senza illusioni*

a) Divertimento

Da sempre gli esseri umani attribuiscono grande importanza al divertimento e ai suoi protagonisti: si pensi alle commedie dell'antichità classica e ai giullari e ai buffoni di corte del medioevo. Fino a poco tempo fa però la dimensione *divertente* dell'esistenza era una dimensione accanto alle altre, di cui costituiva per la precisione un *diversivo*. La commedia stava accanto alla tragedia e alle pubbliche orazioni, il buffone di corte divideva la scena con il monaco e il cavaliere, la comicità e la satira non erano più potenti della politica e della filosofia, visto che i *maître à penser* erano ancora gli ideologi e i filosofi. Oggi invece la serietà dell'esistenza va quasi scomparendo e si assiste al dominio pressoché incontrastato del divertimento, non più diversivo ma centro vitale della psiche contemporanea. Intendo dire che tutto oggi per incidere deve risultare divertente, che ogni comunicazione deve sottostare alla legge del divertimento, e anche quando si tratta di eventi dolorosi la notizia deve intrattenere, catturare, avvincere. Il negativo e il male vengono confezionati in modo da risultare attraenti, e il posto dell'antica tragedia è oggi occupato da thriller, gialli, crime story, horror... divertimenti che producono brividi, non risate, ma pur sempre divertimenti. I comici in tv sbeffeggiano pesantemente i potenti di turno e questi non possono che ridere pubblicamente di se stessi, o perlomeno fingere di farlo. L'idolo contemporaneo è il divertimento.

La radice del termine divertimento è il verbo latino *vertere*, «volgere, voltare, girare». A esso si collega il sostantivo *versus*, cioè «solco, fila, linea, riga, verso». Si usa dire: «Quella bisogna prenderla per il verso giusto», e in effetti ognuno ha un suo verso da cui essere preso per venire attratto e coinvolto. E solo se il verso è giusto, nasce l'attrazione e il coinvolgimento. C'è un verso anche della vita in generale? Io penso di sì: anche la vita va presa per il verso giusto. Quando la nostra libertà si volge in direzione del verso della vita, si ha una convergenza tra dimensione soggettiva e dimensione oggettiva dell'esistenza, tra libertà e verità. Quando al contrario la nostra libertà di-verte dal senso generale, si ha divergenza, diversione, dispersione.

Qual è però il verso della vita? Nella risposta naturalmente entrano in gioco le diverse filosofie di vita, ma quello che è decisivo è averne una: solo così si possono far convergere le diverse esperienze e ci si può formare una personalità unitaria, acquisire un sapore, diventare una persona autentica, e non una sequenza disordinata di maschere e di ruoli all'insegna di ieri così, oggi invece cosà, stanotte chissà, domani si vedrà, per un'esistenza frammentaria e dissonante.

Gli esseri umani possono vivere in modo divergente oppure in modo convergente. Il modo divergente è quello che di-verte, in una continua di-versione, senza un centro definito che non sia la ricerca di sempre nuove emozioni all'insegna del di-vertente. Ma il divertimento di-verte, mentre noi per giungere a essere liberi abbiamo bisogno di qualcosa che con-verte.

Abbiamo bisogno di acquistare profondità, spessore, coerenza, sapore. Abbiamo bisogno di staccarci dalla grossolanità del perlopiù e del si-dice, dalla superficie-superficiale dell'ovvietà. Abbiamo bisogno di scendere, scavare, penetrare, inabissarci nelle profondità del nostro essere, fino a toccare «l'uomo interiore» di cui parlava Agostino: «Non uscire fuori di te, rientra in te stesso, la verità abita nell'uomo interiore».[1] Chi scende scavando dentro se stesso passa dal vivere in modo divergente al vivere in modo convergente. E così acquisisce un itinerario, impara a muoversi con responsabilità lungo le strade tanto affascinanti quanto ostili di questo mondo.

b) Felicità

Perché gli esseri umani vengono tanto attratti dal divertimento? Io penso che il motivo consista nello spontaneo legame della mente tra divertimento e felicità: si fa di tutto per divertirsi pensando così di giungere a essere felici. Ma il divertimento ha veramente a che fare con la felicità? Chi ci fa ridere ci rende anche felici? Quando uno è divertito è anche automaticamente felice?

Secondo Aristotele vi è un sostanziale accordo tra gli uomini su quale sia il più alto bene a cui tutti aspirano: «Sul suo nome vi è pressoché accordo da parte della maggioranza degli uomini: infatti dicono che è la felicità sia il volgo sia le persone raffinate, e concepiscono il vivere bene e l'aver successo come identici all'essere felici».[2] Impossibile dargli torto, chi non vuole essere felice?

[1] Agostino d'Ippona, *De vera religione*, 39,72. Testo originale: «Noli foras ire, in te ipsum redi, in interiore homine habitat veritas».

[2] Aristotele, *Etica nicomachea*, I,2,1095 A; ed. it. a cura di Marcello Zanatta, Bur, Milano 1986, vol. I, p. 89.

Però la coscienza della precarietà dello stato di felicità è parte integrante dell'esperienza umana, lo testimoniano già Gilgamesh e Omero, Qohelet ed Epicuro. La gran parte di coloro che hanno osservato il corso dell'esistenza umana è giunta alla conclusione del carattere effimero della felicità, «effimero» da intendersi proprio nel senso etimologico del greco *ephēmeros*, «che dura solo un giorno», perché se talora arriva è per andarsene presto, soggetta com'è ai capricci del destino, del caso o della dea Fortuna. Per Leopardi addirittura «la felicità è impossibile in natura, e per natura sua».[3]

La felicità appare quindi una condizione che tutti ricercano, ma che nessuno riesce a possedere stabilmente, con il conseguente paradosso: la sua ricerca si tramuta spesso in insoddisfazione, mancanza di serenità, ansia. Tutti vogliono essere felici, ma per questo desiderio che li porta fuori di sé nel regno del di-vertimento, si ritrovano spesso infelici. La conclusione è d'obbligo: la ricerca della felicità così come viene condotta dai più, cioè all'insegna del divertimento, conduce spesso al suo contrario, a uno stato di permanente insoddisfazione. L'equivalenza che impera nell'anima umana (felicità = divertimento) è sbagliata.

c) Accordo

Per correggere la fallace equivalenza felicità = divertimento che governa la mente dei più occorre comprendere che cos'è e in che cosa consiste la felicità. A questo riguardo si tratta di distinguere i tre livelli fondamentali del composto umano, ognuno dei quali ha un proprio stato di benessere: al corpo attiene il piacere (della tavo-

[3] Giacomo Leopardi, *Zibaldone*, 4477, annotazione del 30 marzo 1829, in *Opere*, a cura di Giovanni Getto, Mursia, Milano 1973[6], p. 843.

la, del letto, dello sport e di ogni altra manifestazione della fisicità), alla psiche attiene la felicità propriamente detta, allo spirito la gioia.

Quale rapporto c'è tra queste tre dimensioni? Vi è chi teorizza la loro netta distinzione o addirittura inimicizia, nel senso che per ottenere un vero piacere del corpo occorrerebbe mettere a tacere lo spirito e la luce della coscienza, oppure, viceversa, per ottenere la gioia dello spirito occorrerebbe reprimere il corpo. Io al contrario ritengo che tra le dimensioni costitutive del nostro essere vi sia armonia e che quindi occorra coltivarle tutte all'insegna di una visione unitaria del fenomeno umano.

Da qui la mia risposta alla domanda sull'essenza della felicità: la felicità è l'*accordo* della dimensione fisica con la dimensione spirituale; è l'*accordo* del nostro essere materia necessitata con il nostro essere capacità di scelta e di creatività, cioè libertà. Tale accordo tra il nostro essere necessità e il nostro essere libertà si produce nel centro di ognuno di noi, nella psiche, di cui l'io è la centrale operativa. Per questo la felicità è anzitutto un fenomeno psichico, a differenza del piacere, che è anzitutto un fenomeno corporeo, e della gioia, che è anzitutto una dimensione spirituale.

Ma si tratta di un accordo veramente possibile? Negli animali sì, a quanto è dato vedere, come già osservava Leopardi che faceva parlare così il pastore errante dell'Asia rivolto alla sua *greggia*: «Quanta invidia ti porto! / Non sol perché d'affanno / quasi libera vai; [...] / Ma più perché giammai tedio non provi. / Quando tu siedi all'ombra, sovra l'erbe, / tu se' queta e contenta».[4] Negli animali l'accordo tra le componenti dell'essere è più

[4] Giacomo Leopardi, *Canto notturno di un pastore errante dell'Asia* [1830], versi 107-114; in *Opere*, cit., pp. 80-81.

semplice a causa della mancanza in loro della dimensione spirituale, cioè della libertà. Perché un animale possa essere felice deve accordare solo due dimensioni, quella materiale e quella psichica, il cibo e il riconoscimento del branco (diverso è il discorso per gli animali domestici o allevati dall'uomo). Nell'essere umano le cose sono più complicate a causa della presenza della dimensione spirituale che lo rende in parte indipendente dalla natura e lo conduce alla consapevolezza del dolore del mondo, su cui mi soffermerò nel prossimo paragrafo. Qui mi limito a dire che il prendere sul serio la nostra dimensione spirituale ci rende esseri pensanti e responsabili e fa sì che la ricerca della felicità si trasformi da affare privato a ingresso in un'armonia più grande, dimensione per entrare nella quale occorre attenzione, disciplina, lavoro.

Il senso specifico della ricerca e della pratica spirituali sta nell'uscire dall'individualismo (io realizzo me stesso quanto più mi potenzio e mi diverto) per entrare in una diversa e più ampia visione del mondo che colloca il proprio desiderio di felicità in una logica preesistente con cui la libertà si accorda. Il singolo si coglie non come originaria autonomia, ma come relazione dipendente; ma questa sua dipendenza, ben lungi dall'essere servitù, appare liberazione dal nemico più duro e insidioso, cioè l'ego con le sue voglie, le sue pigrizie, le sue paure.

Che tipo di felicità è concesso dunque all'essere umano responsabile che conosce e che non vuole dimenticare l'enorme carico di sofferenza che pervade la vita?

d) Letizia e umorismo

Forse la parola italiana che sa rendere meglio la condizione di chi conosce quanto costa il proprio essere qui, e tuttavia gioisce di esserci e che anche gli altri ci siano, è *letizia.* La letizia (devo l'osservazione a una conversazione con il fisico Sergio Segre durante un convegno) indica la gioia intima e serena di chi si raccoglie in se stesso, di chi non ride ma sorride, anzi propriamente coltiva il cosiddetto *mezzo sorriso* dei grandi spirituali. Ha scritto a questo proposito Thich Nhat Hanh: «Sorridere è molto importante. Se non sappiamo sorridere non ci sarà pace nel mondo. La pace non si raggiunge organizzando manifestazioni di protesta contro le armi nucleari. La pace del mondo si costruisce sulla nostra capacità di sorridere, respirare ed essere pace in noi stessi».[5] È una gioia tranquilla, che scaturisce dall'aver detto sì a qualcosa più grande, dall'adesione della libertà a un orizzonte più vasto e più importante, solitamente chiamato verità, giustizia, amore, bellezza, bene, sommo bene, e che la tradizione cristiana definisce Spirito Santo. Così san Paolo: «Siate sempre lieti nel Signore, ve lo ripeto: siate lieti. La vostra amabilità sia nota a tutti» (*Filippesi* 4,4-5). Termini analoghi a letizia sono quiete, serenità, tranquillità, pace.

È alla luce della letizia e del suo quieto sorridere che emerge la differenza tra comicità (caposaldo del divertimento psichico) e umorismo (caposaldo di ogni profonda felicità). La differenza è già contenuta nelle radici delle parole. Comico viene dall'aggettivo greco *kōmikós,* a sua volta dal sostantivo *kômos,* «festa con canti e danze», la quale può rimanere «allegro trattenimento» o degenerare in «bagordo» e «gozzoviglia». Il comico ha per sua natura a che fare con la dimensione sociale, ha bisogno di compagnia, richiede gente, spesso una folla. La

[5] Thich Nhat Hanh, *Essere pace* [1987], tr. di Giampaolo Fiorentini, Ubaldini, Roma 1989, p. 53.

comicità ha sempre una dimensione pubblica e proprio per questa sua condizione spesso può graffiare, vive di una dimensione polemica, a volte volutamente cattiva com'è il caso della satira.

L'umorismo è diverso. Il termine viene dal latino *umor, umoris* che designa «ogni specie di liquido, umore, liquore» e che rimanda anzitutto all'ambito medico e biologico, alla medicina di Ippocrate e di Galeno basata sui quattro umori fondamentali dell'organismo umano (sangue, flemma, bile gialla, bile nera) da cui venivano fatte discendere le quattro fondamentali tipologie di caratteri (i sanguigni, i flemmatici, i collerici, i melanconici). A differenza quindi della comicità che abbisogna di un contesto pubblico e che perlopiù genera risate, risatine, ghigni, sarcasmi e prende in giro sempre e solo gli altri, l'umorismo rimanda a una vena interiore, a volte così interiore da rimanere celata perché ci si limita a sorridere silenziosamente dentro di sé, e se si coltiva l'ironia, ancor più ricercata è l'autoironia di chi prende in giro soprattutto se stesso generando una delle forme più alte di libertà e di simpatia.

Rimandando all'umore, l'umorismo si riferisce alla salute della psiche, a quella sua particolare disposizione che ci fa essere di buon-umore e ci salva dal mal-umore. L'umorismo genera buonumore, mentre la comicità, soprattutto quando si esprime come satira, non è detto che, una volta svanite le risate, generi buonumore. L'umorismo nasce dal sentimento e genera sentimento; la comicità spesso nasce dal risentimento e genera risentimento, a volte anche aggressività.

L'umorismo contrassegna la possibilità che ci è data di superare la realtà, seppure solo con la parte più alta della mente, l'*apex mentis* della tradizione mistica e teologica. È per questo radicamento dell'umorismo nello spirito che diciamo che chi ha il senso dell'umorismo è *spiri-*

toso: indichiamo per l'appunto un'attività che ha a che fare con lo spirito e i cui frutti chiamiamo «motti di spirito», «battute di spirito», «spiritosaggini».

L'umorismo è espressione della spiritualità perché manifesta libertà dalla situazione concreta, in quanto nasce dalla capacità di guardarla da un punto di vista diverso, da una sorta di promontorio da cui si vedono le cose dall'alto e così se ne prendono almeno un po' le distanze mediante parole che creano connessioni inattese e per questo sorprendono, donando buonumore a chi le proferisce e a chi le ascolta.

26. Tragedia: portare il dolore senza farsi schiacciare

a) Antenne

Nel 1964 due fisici nordamericani, Arno Penzias e Robert Wilson, stavano lavorando a un nuovo tipo di antenna a microonde quando si imbatterono in un rumore persistente: ragionandoci su, scoprirono che si trattava nientemeno che della radiazione cosmica di fondo, cioè della residua radiazione elettromagnetica originatasi quasi 14 miliardi di anni fa a causa dell'esplosione primordiale detta Big Bang. Se ho ricordato questa scoperta (che ai due valse il Nobel per la fisica nel 1978) è per l'analogia che essa mi suggerisce tra quella antenna e la mente umana spiritualmente educata. Anche questa infatti, liberata dal fatuo desiderio di divertimento su cui i più strutturano il rapporto con la vita, può talora avvertire una persistente radiazione di fondo: è l'immane dolore degli esseri viventi, sia umani sia animali, molti dei quali sottoposti a condizioni di vita brutali e ogni giorno fagocitati dalla morte, non la morte come conclusione logica del ciclo vitale ma come prematura e spietata soppressione a vantaggio di altri: si pensi all'alimentazione e alla cosiddetta catena alimentare, alla costituzione e all'abbattimento degli stati tramite guerre e guerriglie di ogni sorta, alla guerra diversamente ma non meno intensamente crudele della finanza e dell'economia, allo sfruttamento e alla miseria in cui molti sono costretti a vivere e a morire. Quanti saranno in questo preciso momento i viventi stritolati per servire da carburante al mantenimento della macchina del mondo?

La sapienza spirituale ha avvertito questa tragica dimensione dell'esistenza parlandone in termini di *dukkha* (versione pali di un'originaria parola sanscrita che significa «sofferenza» e che ricorre nella prima nobile verità insegnata dal Buddha), di *caverna* (come nel celebre mito di Platone), di *peccato del mondo* (secondo l'espressione del Quarto vangelo).[6] Il pensiero inoltre si è posto di fronte al dolore cercando di spiegarne l'origine e la finalità, indagando anche il senso complessivo della vita che da esso procede alla luce di queste tre fondamentali domande: perché c'è il dolore? A che serve? Che cos'è questa vita che ne produce così tanto? Da qui sono nate le religioni in quanto offerta di salvezza, e da qui sono nate anche le filosofie in quanto stupore e ferita dell'intelligenza, come manifesta in greco antico l'assonanza tra *thaûma* («meraviglia», secondo Platone e Aristotele l'origine della filosofia)[7] e *thraûma* (che, come nell'italiano trauma, significa «colpo che ferisce»).

[6] Per il concetto di *dukkha*, cfr. *Il discorso della messa in moto della ruota del Dharma* (*Saṃyutta Nikāya*, 56.11), a cura di Claudio Cicuzza, in *La rivelazione del Buddha*, vol. I, *I testi antichi*, a cura di Raniero Gnoli, Mondadori, Milano 2001, pp. 7-8; per il mito della caverna, cfr. Platone, *Repubblica*, VII, 514 A – 517 A, tr. di Roberto Radice, in *Tutti gli scritti*, a cura di Giovanni Reale, Rusconi, Milano 1994[4], pp. 1238-1240; infine l'espressione «peccato del mondo» è in *Giovanni* 1,29.

[7] Così Platone: «È tipico del filosofo quello che tu provi, l'essere pieno

b) Male fisico e male morale

Al fine di trattare il meno inadeguatamente possibile le complesse questioni che sorgono quando si affronta il problema del male, ritengo utile la classica distinzione tra male *fisico* e male *morale*. Con male fisico si intende il doloroso disordine prodotto dalla natura indipendentemente dall'intervento umano, come nel caso di catastrofi e malattie; con male morale si intende il doloroso disordine prodotto dagli esseri umani, come nel caso di delitti, di guerre, di tutti gli altri grandi crimini e dell'enorme numero di piccole meschinità che hanno luogo ogni giorno. Di fronte al male fisico la domanda è come esso possa accadere in un mondo governato da leggi naturali informate da rigorosi principi matematici e che ha raggiunto tanta straordinaria bellezza da poter essere designato come *cosmo*, termine che ha la medesima radice di cosmesi e di cosmetici. Di fronte al male morale la domanda è come esso possa essere commesso da quel vertice dell'evoluzione che è l'uomo, come possa cioè il male venire dal medesimo luogo in cui risplende più luminosa la logica dell'universo, visto che è proprio nella mente umana che l'universo diviene noto a se stesso. Come può una tale meraviglia generare al contempo un tale scandalo? Come può tanta intelligenza produrre tali abissi di stupidità? Come può la avvertita consapevolezza generare perfidia e malignità?

di meraviglia: il principio della filosofia non è altro che questo», in *Teeteto*, 155 D, tr. di Claudio Mazzarelli, in *Tutti gli scritti*, cit., p. 206. Così Aristotele: «Gli uomini hanno cominciato a filosofare, ora come in origine, a causa della meraviglia», in *Metafisica*, libro I, 982 B; ed. it. a cura di Giovanni Reale, Rusconi, Milano 1984^2, p. 77.

c) Fatalismo, razionalismo, nichilismo

Le diverse teorie che vengono proposte per spiegare il male e il dolore che a esso si accompagna si possono raggruppare secondo tre prospettive fondamentali: fatalismo, razionalismo, nichilismo. Tutte e tre rappresentano a mio avviso una sconfitta dell'intelletto e del sentimento, della ragione interiore intrinsecamente in ricerca dell'armonia con la ragione cosmica.

1) Il *fatalismo* è l'asservimento della libertà alla potenza schiacciante del reale, è totale sottomissione. Esso percepisce la vita come un mistero opprimente, interpreta l'esistenza come del tutto in balìa di una forza arbitraria tradizionalmente identificata con la potenza divina. A questo livello è secondario che tale potenza venga ritenuta *impersonale*, come gli antichi greci concepivano il fato, oppure *personale*, come la raffigurano le tre religioni abramitiche: quello che conta è il senso di nullità dell'uomo di fronte a tale potenza, e il fatto che con essa non si possa instaurare nessun rapporto sicuro e affidabile. È la spiritualità cui invita il finale del libro di *Giobbe*, quando a Giobbe che si lamenta del suo ingiusto dolore la voce divina risponde: «Chi è costui che oscura il mio piano con discorsi da ignorante?» (*Giobbe* 38,2), rovesciandogli poi sopra la testa tutte le meraviglie del cosmo al fine di farlo sentire un nonnulla, così che a Giobbe non resta che concludere: «Mi ricredo e mi pento sopra polvere e cenere» (*Giobbe* 42,6). Il succo di tale posizione si può riassumere così: sono colpito da un dolore che non merito, ma non ho altro da fare se non tacere di fronte a un disegno imponderabile e obbedire a una forza superiore che per la sua schiacciante superiorità mi si impone «al di là del bene e del male».

2) Il *razionalismo* è l'opposto del fatalismo: è l'incasellamento della realtà nella logica ristretta della mente, una disposizione che pretende di spiegare tutto e per questo incanala il reale in schemi prefissati. A livello teologico il razionalismo si traduce nella difesa dell'agire di Dio contro le attestazioni delle realtà e i conseguenti dubbi degli uomini, operazione mentale detta *apologetica* (da apologia che significa «difesa») o anche *teodicea* (alla lettera «giustizia di Dio»). Secondo questa prospettiva Dio governa il mondo con onnipotenza, quindi non può accadere nulla contro il suo volere; Dio inoltre governa con giustizia, quindi non può accadere nulla di ingiusto. Non c'è perciò nessun dolore insensato e tantomeno innocente: se c'è un dolore, prima di sicuro c'è stata una colpa che l'ha prodotto. Il dolore è sempre *colpevole*, è sempre la conseguenza di una colpa secondo il nesso stringente «delitto e castigo». È quello che dice esplicitamente a Giobbe il secondo dei tre cosiddetti amici teologi giunti a consolarlo, Bildad di Suach: «Può forse Dio sovvertire il diritto o l'Onnipotente sovvertire la giustizia? Se i tuoi figli hanno peccato contro di lui, egli li ha abbandonati in balìa delle loro colpe» (*Giobbe* 8,3-4). I dieci figli di Giobbe, sette maschi e tre femmine, erano morti in seguito al crollo della casa in cui si trovavano, ma se una tale tragedia era potuta avvenire, spiega il razionalismo teologico, era stato a causa dei loro peccati. Il dolore rimanda sempre a una colpa, è sempre colpevole.

Di tale razionalismo vi sono diverse esplicitazioni: a) la riconduzione del dolore al dogma del *peccato originale*, secondo cui tutti nasciamo colpevoli; b) la riconduzione del dolore a una specifica colpa del soggetto o dei suoi antenati; c) la riconduzione del dolore non a una colpa ma a uno *scopo*, a un progetto divino imperscrutabile.

Questa terza forma di razionalismo teologico nega che

il soggetto colpito dal male sia colpevole e quindi meritevole di soffrire, però sostiene che tale dolore è in sé misteriosamente *finalizzato* da Dio alla salvezza, sia del soggetto che lo subisce, sia dell'umanità nel suo insieme. Tale prospettiva è oggi la più frequente in ambito cattolico: si ritrova per esempio nella lettera apostolica *Salvifici doloris* di Giovanni Paolo II del 1984 «sul senso cristiano della sofferenza umana» e nel Catechismo attualmente in uso. Secondo quest'ultimo testo, Dio permette il male per trarne un bene maggiore: «Dio non è in alcun modo, né direttamente né indirettamente, la causa del male morale. Però, rispettando la *libertà* della sua creatura, lo permette e, misteriosamente, sa trarne il bene: "Infatti Dio onnipotente [...], essendo supremamente buono, non permetterebbe mai che un qualsiasi male esistesse nelle sue opere, se non fosse sufficientemente potente e buono da trarre dal male stesso il bene"».[8] Il succo della posizione razionalista è il seguente: sono colpito da un dolore che penso di non meritare, ma in realtà devo comprendere che lo merito; forse lo merito come castigo personale, di sicuro lo merito per il generale stato di colpevolezza dell'umanità a seguito del peccato originale; ma Dio, ricco di misericordia, utilizza questo mio dolore come purificazione mia e del mondo, esattamente nella medesima logica della sofferenza redentrice di Cristo.

3) L'inconsistenza logica, e soprattutto etica, del fatalismo e del razionalismo ha generato la terza posizione, sempre più diffusa ai nostri giorni: il *nichilismo*. Esso nasce dalla disperazione della ragione di fronte al paradosso del fatto che spesso nella storia i giusti sono schiacciati e gli

[8] *Catechismo della Chiesa cattolica*, art. 311; la citazione è in Agostino, *Enchiridion de fide, spe et caritate*, 11,3; il corsivo è mio.

ingiusti prevalgono, il che conduce alla percezione della vanità del tutto e al sentimento della vita come un continuo e insensato declinare verso il nulla. Si sentono i discorsi dei moderni amici di Giobbe che pretendono di parlare nel nome di Dio, poi si guarda la realtà senza farsi distrarre dalle sirene incantatrici dell'industria del divertimento e si giunge alla conclusione che quei discorsi sono solo chiacchiere: la verità è che la vita è una tragedia, e noi vi siamo capitati nascendo. È quanto sosteneva Giobbe rivolgendosi direttamente a Dio dopo aver ascoltato la teologia dei suoi interessati consolatori: «Perché tu mi hai tratto dal seno materno? Fossi morto e nessun occhio mi avesse mai visto!» (*Giobbe* 10,18), parole che sono un esplicito no alla vita e che manifestano l'inevitabile risultato di ogni falsa teologia; anzi di più: attestano che proprio su tale falsa teologia ricade la responsabilità morale della disperazione nichilistica.

Si tratta di un'obiezione antica, formulata dalla mente già molti secoli fa mediante la celebre frase latina: *Si Deus est, unde malum?* Se Dio c'è, da dove il male?[9] Se Dio esiste, ed esiste in modo tale da governare ogni cosa con onnipotenza e con amore, come spiegare il male che colpisce gli innocenti? Se lo chiedeva già un profeta biblico più di 2600 anni fa: «Tu dagli occhi così puri che non puoi vedere il male e non puoi guardare l'oppressione, perché, vedendo i perfidi, taci, mentre il malvagio ingoia chi è più giusto di lui?» (*Abacuc* 1,13).

Il succo della posizione nichilista è il seguente: sono colpito da un dolore che non merito, e come me tanti altri, il che è la più evidente dimostrazione dell'insensatez-

[9] Due classiche formulazioni del problema in Agostino, *Confessioni*, VII,7 e 11 e in Severino Boezio, *La consolazione della filosofia*, I,4,4.

za del mondo, della sua cieca indifferenza, del nulla da cui viene e verso cui va.

d) L'aporia cristiana e il fallimento delle teodicee

In particolare per il cristianesimo il problema del male diviene irrisolvibile a causa di questi tre presupposti, ognuno dei quali irrinunciabili per l'ortodossia cristiana:
– Dio governa con onnipotenza;
– Dio è giusto, è buono, è amore;
– il male c'è.

Questi tre presupposti sono tra loro logicamente componibili solo a condizione di interpretare il dolore come un giusto castigo divino finalizzato al bene di chi lo subisce, cioè secondo il paradigma razionalistico del dolore colpevole. Altrimenti come giustificare la presenza del male, se è vero che esiste un potere assoluto da cui dipende ogni singolo evento e che agisce solo secondo giustizia e per il bene delle sue creature?

Alla luce di questi presupposti o si accetta il dolore colpevole (razionalismo) o si abbandona ogni esigenza di logicità accettando supinamente ogni cosa (fatalismo), oppure infine, con una specie di fatalismo al contrario, si giunge a rifiutare la vita stessa (nichilismo).

Per tentare di risolvere lo spinoso problema del male le ortodossie di tutti i tempi hanno configurato il tipo particolare di pensiero detto *teodicea*, una vera e propria difesa intellettuale di Dio e del suo operato al cospetto del tribunale della coscienza. I frutti però (nonostante l'impegno di pensatori del calibro di Agostino, Tommaso d'Aquino, Leibniz) sono sempre stati abbastanza miseri e direi che non c'è nulla da aggiungere al bilancio tratto da Kant in un piccolo saggio del 1791 il cui titolo fotografa la situazione così: *Sull'insuccesso di ogni saggio filoso-*

fico di teodicea.[10] Inoltre ciò che valeva alla fine del Settecento vale a maggior ragione oggi, dopo un secolo quale il Novecento, al cospetto del quale le sottigliezze della teodicea, già poco convincenti dal punto di vista razionale, vengono avvertite da molti come una sorta di *alto tradimento dell'umanità.*

Al di là delle singole argomentazioni, l'errore di fondo delle teodicee è ritenere che il male e il conseguente dolore siano un problema da risolvere. Il che è vero a livello esistenziale, dove ognuno giustamente vuole evitare il male e il dolore e vivere nel modo più felice possibile, ma è falso a livello teoretico.

e) La dimensione rivelativa e performativa del male fisico

Il male e il dolore non devono essere considerati come problema, ma come prospettiva imprescindibile, anche se non esclusiva, da cui guardare il mondo. Farlo significa compiere un atto di omaggio intellettuale alla vita, la quale può essere compresa solo osservandola come totalità, per quello che effettivamente è, e non per quello che si vorrebbe che fosse amputandone una parte. Io penso che la religione debba dare agli uomini la possibilità di conciliarsi con la vita e la conseguente pace interiore, ma per fare ciò è assolutamente necessario guardare con onestà al tutto della vita e quindi passare attraverso il *travaglio del negativo*: «La vita di Dio e il conoscere divino possono sì venire espressi come un gioco dell'amore con se stesso; ma questa idea degrada fino alla predicazione e addirittura all'insipidezza quando man-

[10] Cfr. Immanuel Kant, *Sull'insuccesso di ogni saggio filosofico di teodicea* [1791], in *Scritti di filosofia della religione*, a cura di Giuseppe Riconda, Mursia, Milano 1994, pp. 53-64.

cano la serietà, il dolore, la pazienza e il travaglio del negativo».[11]

Nel pensiero del male e del dolore la posta in gioco è la complessiva visione del mondo (ontologia) e lo stile dell'agire, se libero o no, che ne scaturisce (spiritualità ed etica). Sto dicendo che la nascita di una sola bambina con una malformazione genetica chiama in causa il senso della vita di ognuno, come hanno affermato pensatori di grande sensibilità spirituale tra cui Kierkegaard, Florenskij, Wittgenstein.

Così Kierkegaard: «Se si vuole studiare correttamente l'universale è sufficiente ricercare una reale eccezione. Essa porta alla luce tutto più chiaramente [...]. Le eccezioni esistono. Se non si è in grado di spiegarle, non si è nemmeno in grado di spiegare l'universale».[12] Così Florenskij: «Talvolta alla natura sfugge qualcosa [...] dice qualcosa di diverso [...]. Ed è lì che bisogna guardare [...]. Là dove c'è una deviazione dal consueto, è là che va cercata la deviazione spontanea della natura [...]. La malformazione fisica [...] se c'è un posto dove la natura si lascia scappare una parola di troppo, è lì».[13] Così Wittgenstein: «Perché è così importante ritrarre con precisione le anomalie? Se uno non sa farlo, vuol dire che nei concetti non ci si ritrova».[14]

[11] Georg W.F. Hegel, *Fenomenologia dello spirito* [1807], Prefazione, II,19; tr. di Enrico De Negri, La Nuova Italia, Firenze 1988^6, vol. I, p. 14.

[12] Søren Kierkegaard, *La ripetizione. Un esperimento psicologico* [1843], tr. di Dario Borso, Guerini e associati, Milano 1991, p. 128.

[13] Pavel Florenskij, *Ai miei figli. Memorie di giorni passati* [1916-1925], ed. it. a cura di Natalino Valentini e Lubomír Žák, Mondadori, Milano 2003, pp. 208-209. Più avanti, a p. 235: «Il contenuto positivo del mio pensiero, il suo punto fermo sono sempre state le eccezioni, il non-spiegato, il disubbidiente, la natura che si oppone alla scienza».

[14] Ludwig Wittgenstein, *Pensieri diversi* [1914-1951], a cura di Georg H. von Wright, con la collaborazione di Heikki Nyman, ed. it. a cura di Mi-

Queste tre frasi sostengono che il vero lo si ottiene solo pensando l'intero, cioè regola + eccezioni. Trascurare il carattere rivelativo delle eccezioni porta necessariamente a non raggiungere il vero, formulando teorie che ingabbiano la mente e legano le mani. Un pensatore che, grazie alla sua visione evolutiva del mondo, ha saputo integrare perfettamente regola ed eccezioni è il gesuita Pierre Teilhard de Chardin:

> In un Universo in cui ogni creatura costituisce una piccola totalità tutta chiusa, voluta per se stessa e teoricamente spostabile a volontà, la nostra mente farebbe fatica a giustificare la presenza di individui dolorosamente fermati nelle loro possibilità e nel loro slancio. [...] Invece il mondo rappresenta veramente un'opera di conquista attualmente in corso [...]. Il mondo rappresenta un immenso andare a tentoni, un'immensa ricerca, un immenso attacco: i suoi progressi possono compiersi solo a prezzo di molti fallimenti e di molte ferite. A qualunque specie appartengano, i sofferenti sono l'espressione di questa condizione austera ma nobile. Non rappresentano elementi inutili e diminuiti. Sono dei caduti sul campo dell'onore.[15]

Questo testo contiene la più solida argomentazione che io conosca in ordine al problema del male fisico, considerato qui come inevitabile prezzo da pagare perché il mondo possa evolvere producendo libertà. Se si vuole la libertà, la possibilità del male è il prezzo da pagare. Se noi, che siamo un prodotto del mondo, siamo (almeno in parte) capaci di libertà, allora già il mondo in

chele Ranchetti, Adelphi, Milano 2001[5], p. 136. Il pensiero citato risale al 1948.

[15] Pierre Teilhard de Chardin, *Il significato e il valore costruttivo della sofferenza* [1933], in *L'energia umana*, tr. di Annetta Dozon Daverio, Pratiche Editrice, Parma 1997, pp. 49-50.

se stesso deve contenere una tensione o tendenza verso la libertà, il che è possibile solo se esso ospita il caos e l'indeterminazione, ed è da qui che scaturisce inevitabilmente il doloroso disordine che noi chiamiamo male. La possibilità del male fisico è la condizione imprescindibile per la nascita della libertà.

f) Male morale come sostanziale ignoranza

Se quanto detto sopra vale per il male fisico, come spiegare il male morale operato deliberatamente dagli esseri umani, che a mio avviso è l'unica forma di disordine che merita veramente il nome di *male*?

In sede teologica si dice normalmente che l'uomo commette il male morale perché è libero di poterlo fare, giustificando così Dio e riversando totalmente la responsabilità sulla libertà umana. Non è sbagliato, ma io non penso che il problema in questo modo sia del tutto risolto. Rimane infatti da spiegare perché l'uomo, teologicamente considerato «a immagine e somiglianza di Dio», venga attratto dal male. Non parlo qui del male in quanto frutto dell'ignoranza o della paura, che si spiega da sé. Né del male come frutto della miseria, che si spiega da sé in modo ancora più convincente. Parlo del male che si dà laddove non ci sono né ignoranza né paura né miseria, e neppure malattia psichica. Parlo del male che affascina e seduce per la sua perversione, per il suo nero luccichio. C'è infatti anche un piacere di fare il male, un piacere perverso che il più delle volte tra gli esseri umani si esplica in piccoli e maligni dispetti, ma che talora arriva ad abissi per denominare i quali non resta che il lessico demoniaco. Lucidi esempi ne sono il marchese de Sade che gode del dolore e della morte altrui (da cui il termine sadismo), lo Jago di Shakespeare che gode nel rovinare l'amore e la vita di Otello e Desdemona, il Nikolaj Stavrogin dei *Demoni* di Dostoevskij che gode nel sedurre e poi portare al suicidio una bambina di soli undici anni. Ma perché il male, sia nella quotidiana dispettosità sia in questi abissi demoniaci, affascina gli esseri umani?

La dottrina cristiana risponde rimandando alla tentazione da parte di un essere misterioso chiamato in diversi modi, i principali dei quali sono Diavolo, Demonio, Satana. In questo modo però non si fa che spostare il problema più in là senza risolverlo, perché rimane da spiegare come mai il Diavolo, che originariamente era un angelo buono e che per di più aveva l'incarico di «portare la luce» come si evince dal nome Lucifero, sia potuto cadere a tal punto in preda al male da diventarne la stessa personificazione. Come mai il portatore della luce immagine del bene ha preferito le tenebre del male?

In realtà questo mito ci pone davanti all'abisso della libertà nella sua caotica indeterminazione, che può condurre gli esseri umani a essere rappresentati tanto come «spirito santo» quanto come «spirito immondo». La capacità di seduzione del male sull'anima umana rimane quindi inspiegata, e non resta che constatarla come un fenomeno ovunque presente.

Cercando tuttavia di capirne qualcosa, vado con la mente all'essenza della natura così come finora sono riuscito a coglierla, perché l'essere umano che compie il male morale rappresenta comunque un fenomeno fisico che si muove secondo la logica della natura. Ora la natura è logos + caos, e anche l'essere umano lo è. L'essere umano però è il vertice del lavoro della natura per come è capace di elaborare l'informazione, e quindi contiene sia il vertice del logos sia il vertice del caos: è da qui che scaturisce la sua possibilità di compiere gesti di bene al di fuori dell'ordinario e gesti di male altrettanto al di fuori dell'ordinario.

Più in particolare io credo che la questione riguardi quel centro cosciente che ci costituisce nella nostra personalità denominato *io, ego, sé.* È qui che si dà la più stupefacente contraddizione, perché tale centro cosciente costitutivo dell'essere umano nella sua peculiarità lo può innalzare al livello divino (spirito santo) e insieme sprofondare al di sotto del livello delle bestie (spirito immondo).

La partita si gioca nell'io, nella dialettica che lo abita e che consiste nei tre passaggi in precedenza delineati: dall'asservimento alla liberazione dagli altri (primo livello della *libertà-da*), dalla libertà dagli altri alla consacrazione della libertà a una realtà maggiore di sé (*libertà-per*), da questa alla libertà da sé (secondo livello della *libertà-da*).

Chi non ha compiuto il primo passaggio dall'asservimento alla *libertà-da* è privo di consapevolezza effettiva, a volte persino della cosiddetta capacità di intendere e di volere, e quindi non può compiere il male morale, ma solo il male fisico. Colui che è a questo livello fa il male oggettivamente, ma soggettivamente è pressoché innocente, come innocente è la tigre che non può non sbranare, e nel suo caso non si ha a che fare con un *malvagio,* ma solo con un pericoloso ignorante in balìa dei suoi istinti, determinato dalla nuda e cruda natura.

Ben diverso è quando il male procede dall'ego consapevole perché mosso da volontà di potenza, dal desiderio di primeggiare e sottomettere, dall'ebbrezza del dominio sulle libertà altrui o dall'invidia che rode, quando il male cioè esprime non ignoranza bensì malvagità. In questo caso io penso che la forza di seduzione del male si radichi nel fatto che gli esseri umani sono attratti e sedotti dalla forza, e che il male venga da loro avvertito come più forte del bene: si fa volutamente il male per risultare più forti o semplicemente sentirsi tali. La radice del male morale consiste nella volontà di potenza dell'io.

Ma l'equivalenza male = forza è sbagliata, perché la forza raggiunge il suo vertice solo nella misura in cui produce armonia e stabilità del sistema. Lo si vede in fisica dall'accordo tra le quattro forze fondamentali della natura grazie a cui esiste l'essere e non il vuoto caos dell'inizio, in politica dove le democrazie con la loro flessibilità risultano più resistenti delle rigide dittature, in psicologia dove la persona affidabile che sa fare squadra è alla lunga sempre più operativa di quella che tende a imporre se stessa. La ricetta della vita è il sistema, non c'è nulla nella vita che non sia un sistema in quanto risultato di aggregazione, per cui è veramente più forte ciò che contiene la logica dell'aggregazione, cioè l'armonia e il bene: solo in questo modo la forza è stabile e duratura.

Per questo motivo il bene è più forte del male. Se non fosse così, il mondo sprofonderebbe in questo istante. L'equivalenza alla base del male morale appare quindi un fraintendimento, un abbaglio, una sostanziale e perniciosa ignoranza: volendo essere forti, si diviene infidi e perversi, senza comprendere che la vera forza scaturisce dall'assecondare il verso fondamentale della natura, che è l'armonia, non nel pervertirlo.

E ancora una volta la nostra libertà mostra di compiersi quando si accorda a una logica preesistente, quella della relazione armoniosa, mentre l'essenza del male consiste nel disaccordo con tale logica. Tale disaccordo è dovuto all'inevitabile logica del caos quando si tratta di male fisico e a una sostanziale superba ignoranza quando si tratta di male morale.

27. *Uscire di scena: vivere la morte in libertà*

Forse è stata la paura di abbandonare il palcoscenico e di non essere più neppure un'ombra ad aver generato le parole finali dell'Ave Maria, ripetute chissà quanti milioni di volte nella storia del mondo: «Adesso e nell'ora della nostra morte. Amen» (*Nunc et in hora mortis nostrae. Amen*). Socrate invece, senza nessuna paura, prima di bere il veleno mortale disse ai suoi giudici: «È ormai venuta l'ora di andare: io, a morire, e voi, invece, a vivere. Ma chi di noi vada verso ciò che è meglio, è oscuro a tutti, tranne che al dio».[16]

Paurosa per alcuni, priva di paura per altri, la fine della vita è comunque per tutti avvolta nell'oscurità. Esiste qualcuno che non si sia mai chiesto che ne sarà della sua vita e che ne è stato dei suoi cari che ora non sono più qui? A questa domanda l'umanità da sempre ha risposto nei modi più vari, ma senza mai giungere a nessuna certezza. Le molteplici risposte si possono comunque compendiare secondo due prospettive fondamentali:

– la morte è un male ed è da temere;
– la morte non è un male e non è da temere.

Se la morte viene concepita come un male, la teologia tenderà a dire che essa originariamente non era voluta da Dio e la filosofia che essa contraddice la struttura del mondo. Se invece non viene concepita come un male, le

[16] Platone, *Apologia di Socrate*, 42 A, in *Tutti gli scritti*, cit., p. 46.

affermazioni si capovolgono: la teologia dirà che la morte è stata voluta da Dio, e la filosofia che è parte strutturale della logica originaria del mondo. Ma che cosa è più giusto pensare: che la morte sia un male, oppure che non lo sia?

All'interno della tradizione cristiana la prima prospettiva è rappresentata da san Paolo, la seconda da san Francesco d'Assisi. Per san Paolo le cose sono andate così: «A causa di un solo uomo il peccato è entrato nel mondo e con il peccato la morte» (*Romani* 5,12). L'apostolo istituisce un legame diretto tra peccato e morte: se nel mondo c'è la morte, è perché prima c'è stato il peccato; se l'uomo non avesse peccato, non ci sarebbe stata la morte, che Dio non ha né voluto né creato e che è contraria ai suoi disegni. L'idea che la morte sia una conseguenza del peccato è stata espressa per la prima volta dal libro biblico della *Sapienza* secondo cui Dio non ha creato la morte: «Dio ha creato l'uomo per l'immortalità [...] ma la morte è entrata nel mondo per invidia del Diavolo» (*Sapienza* 2,24). Del tutto coerentemente con questa concezione, altrove Paolo parla della morte come di un nemico, «l'ultimo nemico». Lo fa quando descrive il compimento finale che avverrà con la venuta gloriosa del Cristo risorto (da lui ritenuta così imminente da verificarsi nello spazio della sua esistenza terrena): «Poi sarà la fine, quando egli consegnerà il regno a Dio Padre, dopo aver ridotto a nulla ogni Principato e ogni Potestà e Forza. È necessario infatti che egli regni finché non abbia posto i suoi nemici sotto i suoi piedi. L'ultimo nemico a essere annientato sarà la morte» (*1Corinzi* 15,24-26).

Questa prospettiva si ritrova identica nella dottrina cattolica per la quale la morte non è una creatura di Dio, ma è il frutto del peccato dell'uomo. Dichiara l'attuale Catechismo: «Il Magistero della Chiesa insegna che la morte è entrata nel mondo a causa del peccato dell'uomo. Sebbene l'uomo possedesse una natura mortale, Dio lo destinava a non morire. La morte fu dunque contraria ai disegni di Dio ed essa entrò nel mondo come conseguenza del peccato. La morte corporale dalla quale l'uomo sarebbe stato esentato se non avesse peccato è pertanto l'ultimo nemico dell'uomo a dover essere vinto» (art. 1008).

Per Francesco d'Assisi le cose stanno in modo diverso. Nel *Cantico delle creature*, detto anche *di Frate Sole*, egli parla della morte come «sorella» e per essa loda il suo Signore: «Laudato si, mi Signore, per sora nostra Morte corporale, / da la quale nullo omo vivente po' scampare».[17] Dicono gli esperti che si tratta di una strofa aggiunta da Francesco in un secondo tempo preavvertendo la morte e che il santo volle fosse cantata durante la sua agonia.

La prospettiva di Francesco, oltre che in altri importanti autori cristiani tra cui Giovanni della Croce («All'anima amante la morte non può essere amara [...] la tiene per amica e sposa»),[18] si ritrova in molti libri biblici dove si presuppone che sia stato Dio stesso a istituire la morte fin dall'inizio della creazione. Commentando il versetto a compimento della creazione in *Genesi* 1,31 («Dio vide quanto aveva fatto, ed ecco, era cosa molto buona»), l'edizione della Torah a cura dell'Ebraismo Conservatore Americano scrive che «molto buona (*tov m'od*) include

[17] Francesco d'Assisi, *Cantico delle creature*, verso 12, in *Fonti francescane*, a cura di Ernesto Caroli, Edizioni Messaggero Padova e Movimento francescano Assisi, Padova 1996^4, p. 178. Il primo biografo afferma che Francesco nell'imminenza della morte disse: «Ben venga, mia sorella morte!», in Tommaso da Celano, *Vita seconda*, 163, 217, in *Fonti francescane*, cit., p. 726.

[18] Giovanni della Croce, *Cantico Spirituale* [1584], B,11,10; ed. it. in *Opere*, tr. di padre Ferdinando di S. Maria O.C.D., Postulazione Generale dei Carmelitani Scalzi, Roma 1979, p. 558.

anche l'inevitabilità della morte: *tov mot*, la morte è buona».[19] Secondo questa prospettiva, maggioritaria nella Bibbia ebraica, la morte non è frutto del peccato e non è ontologicamente malvagia, essa è piuttosto «il decreto del Signore per ogni uomo» (*Siracide* 41,4).

Siamo quindi in presenza di una contraddizione: vi è una prospettiva biblica che pensa la morte come introdotta dal peccato e quindi come ontologicamente cattiva, e ve n'è un'altra che la pensa come istituita da Dio e quindi come ontologicamente buona. Vi è un grande santo che parla della morte come «nemico», e ve n'è un altro non meno grande che ne parla come «sorella». Quale delle due prospettive privilegiare?

La scienza offre l'elemento decisivo per la risposta. Oggi è noto che la vita sulla Terra esiste da poco meno di quattro miliardi di anni, mentre la specie *Homo sapiens* vi compare circa 150.000 anni fa. Da miliardi di anni c'è la vita, la quale non è mai stata senza morte, essendo fin dall'inizio la morte di alcuni la condizione per la vita di altri, secondo la logica della catena alimentare. La morte quindi c'è ben prima di Adamo e del suo presunto peccato. Essa ha iniziato a esistere con il primo vivente comparso sul nostro pianeta, oggi denominato dagli scienziati LUCA, acronimo che sta per *Last Universal Common Ancestor*. A meno quindi di ricondurre il peccato originale a questo protozoo, è del tutto evidente che la morte non è frutto del peccato, ma è parte strutturale della vita. La dottrina tradizionale, secondo cui la morte è stata introdotta secondariamente dal Diavolo invidioso che ha condotto al peccato il primo uomo, è semplicemente falsa.

[19] *Etz Hayim. Torah and Commentary*, a cura di The Rabbinical Assembly - The United Synagogue of Conservative Judaism, The Jewish Publication Society, New York 2001, p. 11.

Essa mantiene tuttavia un valore antropologico consistente nel mettere in luce il senso di ingiustizia sempre connesso a ogni morte, non solo a quelle premature, ma anche a quelle di persone ormai cariche di anni. Infatti, per quanto la morte sia naturale, il sentimento avverte che non è mai *giusto* che una persona con la sua irripetibile singolarità non ci sia più. La vita vuole vivere, è slancio che sente di essere destinato all'infinito, e per questo avverte sempre con amarezza il suo e l'altrui spegnimento.

Siamo al cospetto di una contraddizione: la morte è giusta, la morte è ingiusta. E in questa contraddizione strutturale tocchiamo la dinamica più volte segnalata di logos + caos, la tensione che porta la vita a essere sempre inquieta e sempre in drammatica evoluzione. Ma proprio a causa di questa oscurità, il modo con cui ci si dispone ad affrontare l'inevitabile naufragio della morte è uno dei passaggi decisivi della libertà. Sintetizzando una delle lezioni più decisive della filosofia antica e anche della spiritualità cristiana, Montaigne affermava al riguardo che «filosofare è imparare a morire», e poi specificava: «La meditazione della morte è meditazione della libertà. Chi ha imparato a morire, ha disimparato a servire. Il saper morire ci affranca da ogni soggezione e costrizione».[20]

Vedere deperire la propria forza fisica e intellettuale, e altri più giovani e ora più forti prendere il nostro posto, e tuttavia non recriminare acidamente sul corso delle cose ma continuare ad amare il mondo e la vita: questo si-

[20] Michel de Montaigne, *Saggi*, I,20 [1580-1588]; ed. it. a cura di Fausta Garavini, Adelphi, Milano 1992, vol. I, p. 110. Secondo Platone «i veri filosofi si esercitano a morire» (*Fedone*, 67 E; ed. it. in *Tutti gli scritti*, cit., p. 79), e secondo Ireneo di Lione «l'opera del Cristianesimo non è nient'altro che pensare a morire» (*Frammento* 11, in Ireneo di Lione, *Contro le eresie e gli altri scritti*, a cura di Enzo Bellini e per la nuova edizione di Giorgio Maschio, Jaca Book, Milano 1997², p. 537).

gnifica imparare a morire. Vedere appassire la propria grazia e la propria bellezza, e altre persone più giovani e ora più avvenenti catturare gli sguardi prima indirizzati a noi, e tuttavia continuare ad amare il mondo e la vita: questo significa imparare a morire. Sentire sul proprio corpo e nella propria mente i segni dolorosi e umilianti della decadenza e tuttavia non smettere di meravigliarsi e di ringraziare per il dono della vita: questo significa imparare a morire.

Imparare a morire significa anche comprendere che la morte è naturale, in quanto la vita è un processo che prevede una maturazione progressiva e poi una degenerazione programmata. La morte cioè non è intervenuta a seguito del peccato umano, ma è piuttosto inscritta da sempre nella logica di questa vita. Accettare questo dato è segno di sapienza e genera libertà. Noi siamo qui grazie al lavoro e alla morte di altri, e siamo chiamati a lavorare e a morire per l'esistenza di altri. Questa è la logica che la vita ci consegna. Accettarla significa «rinnegare se stessi» (per riprendere la nota espressione di *Marco* 8,34), cioè non fare del proprio ego il centro del mondo, bensì porlo al servizio di qualcosa di più grande. Di che cosa? Del processo cosmico.

I cristiani lo chiamano *creazione* e lo ritengono provenire direttamente dal Dio trascendente, convinzione condivisa da ebrei e musulmani; altri lo chiamano in altro modo attribuendogli un'altra origine, arrivando a sostenere, come Spinoza, che esso coincide con la perfezione dell'essere e che quindi tra Dio e Natura non vi è differenza: ovvero *Deus sive Natura*.[21] Quello che è certo è che il processo

[21] Baruch Spinoza, *Etica* [1677, postuma], parte IV, Prefazione; ed. it Etica e Trattato telogico-politico, a cura di Remo Cantoni e Franco Fergnani, Utet, Torino 2013, p. 264.

cosmico contiene tutti, monoteisti, panteisti, credenti in un Dio trascendente, credenti in un Dio immanente, credenti in un Dio sia trascendente sia immanente, agnostici, atei, e il compito principale della libertà consiste nel comprendere quale relazione istituire con esso e orientarsi di conseguenza. Il processo cosmico è un nemico o un alleato per la nostra vita? Considerarlo alleato significa accettarlo per quello che è, presenza della morte compresa.

Accettare la morte significa accettare la vita fino in fondo, dire di sì al mondo e alla sua logica, conciliarsi totalmente con la realtà. L'accettazione della morte è matura adesione alla vita. La realtà è unitaria, non c'è la vita da una parte e la morte dall'altra, c'è un unico processo integrale, orientato a un accumulo progressivo dell'ordine anche mediante disordine, e di tale disordine la massima espressione per noi qui sulla Terra è la morte.

Naturalmente queste parole hanno senso solo se la vita umana può essere davvero un progressivo accumulo di organizzazione e di complessità anche quando la vita fisica inizia a degenerare, ovvero se esiste la possibilità di vivere quella dimensione dell'essere detta spirito. Se infatti ci si ferma alla sola dimensione biologica è ben difficile rintracciare un senso all'essere qui per la singola esistenza, se non un anonimo servizio alla trasmissione della vita. Occorre entrare nella dimensione dello spirito per trovare un senso alla vita personale che vada al di là dell'annichilazione dell'organismo prodotta dalla morte.

Ma tale dimensione è qualcosa di reale o è solo una costruzione della mente per evadere dall'amara realtà della morte e dalla paura che essa genera nella mente che la preavverte? Ognuno risponderà secondo la visione del mondo e del sentimento della vita che ospita nella mente e nel cuore. Quanto a me, faccio mie le parole che Ludwig Wittgenstein scrisse nel suo diario l'8 luglio

1916 mentre si trovava faccia a faccia con la morte nelle trincee del fronte orientale durante la prima guerra mondiale: «Credere in un Dio vuol dire comprendere la questione del senso della vita. Credere in un Dio vuol dire vedere che i fatti del mondo non sono poi tutto. Credere in un Dio vuol dire vedere che la vita ha un senso».[22]

28. Missione libertà

Ora che mi appresto a concludere mi viene in mente una serata in montagna con un amico che oggi non c'è più. Eravamo a casa sua, d'inverno, e dopo cena uscimmo in giardino per una boccata d'aria. La notte era limpida, il freddo secco e pungente, in lontananza si vedevano le luci delle case sulle rive del lago. Tra noi in verità non c'era molta confidenza, anzi, penso fosse la prima volta che ci trovavamo a tu per tu, eravamo amici per così dire *acquisiti* in quanto entrambi amici della persona che ci aveva fatto conoscere e che ora era in casa con gli altri, insomma un amico per proprietà transitiva. Comunque ora eravamo soli e in quel silenzio notturno avremmo dovuto trascorrere almeno qualche minuto. Sarà stato per rompere l'imbarazzo del silenzio, aggravato dal non poter condividere il fumo, visto che lui fumava e io no, a un tratto mi disse: «Spesso quando sono qui mi chiedo a cosa serve tutta questa cosa», e così dicendo alzò il braccio verso il cielo tempestato di stelle. «Tutto questo spazio!» Aspirò il fumo della sigaretta e continuò:

[22] Ludwig Wittgenstein, *Quaderni 1914-1916*, in *Tractatus logico-philosophicus e Quaderni 1914-1916*, a cura di Amedeo G. Conte, Einaudi, Torino 1998^{6}, p. 218. L'annotazione è datata 11 giugno 1916.

«Quando sono a Milano mi capita raramente; ma quando vengo qui, in questo silenzio, me lo chiedo spesso: a cosa serve tutto questo?».

È una di quelle domande fondamentali che gli esseri umani qualche volta nella vita si fanno. Anch'io me la sono posta e devo dire che c'è stato un tempo in cui credevo che il mondo esistesse per noi esseri umani, creato appositamente per ospitarci e farci vivere la vita in obbedienza a una Volontà che dirigeva ogni cosa dall'alto. Allora credevo a una *missione,* al fatto che a ognuno fosse stato affidato un compito. Oggi non vi credo più: non credo più a una missione nel senso personale del termine, a una *vocazione,* e non credo più di conseguenza che il mondo esista per noi.

Ho perso la fede? L'ho approfondita? In questo contesto non mi pongo il problema, dico semplicemente come stanno le cose dentro di me, ovvero che non credo più a un rapporto con il mondo della Realtà normalmente detta Dio tale da definire vita e destino di ognuno. Ne ho viste troppe per continuare a sostenere questa credenza.

Si può infatti onestamente pensare che dietro gli eventi che riguardano la nostra vita vi sia un esplicito volere di Dio solo a condizione di non escludere tale volere divino anche quando si tratta di catastrofi, sciagure, incidenti, malattie mortali. Non è onesto infatti parlare di *provvidenza* quando si tratta di eventi positivi, e di *libertà* quando si tratta di eventi negativi. La provvidenza, il governo divino, la missione, la vocazione o ci sono sempre o non ci sono mai. Lo stesso vale per la libertà della natura e degli esseri umani: o c'è sempre o non c'è mai. Non è coerente sostenere il governo divino e poi parlare di libertà della natura e degli esseri umani quando i conti non tornano. O governo divino o libertà.

Che vi sia una tensione dell'essere verso una progressiva organizzazione tale da generare una crescita della complessità fino alla vita e all'intelligenza, io lo credo e lo sostengo nei miei scritti. Anzi, questo per me è il vero e proprio fenomeno primordiale (*Urphänomen* lo chiamava Goethe) che il pensiero deve servire: alla fine si tratta solo di diventare degni, intellettualmente ed esistenzialmente, dell'incessante costruzione che porta la materia caotica primordiale a generare la stupefacente complessità della vita, e l'ancora più stupefacente complessità dell'intelligenza e dell'amore. Null'altro: dire di sì al processo cosmico in modo libero, responsabile e possibilmente lieto. Non faccio mia in nessun modo la posizione nichilista di chi nega ogni senso all'essere, se non quello immesso dagli esseri umani tramite la cultura (anche perché la cultura non è altro che natura divenuta consapevole e capace di responsabilità e creatività). Del resto, se non fossi convinto dell'esistenza di un senso più ampio rispetto alla libertà umana, non potrei compiere il movimento costitutivo della *religio*, come invece mi sforzo quotidianamente di fare collegando la mia libertà a quel senso più grande che si manifesta come armonia generatrice del cosmo, della vita, dell'intelligenza, dell'arte, dell'amore e che mi sostiene nella ricerca del bene e della giustizia. Ciò che nego è piuttosto un governo, o una provvidenza, di tipo *personale*.

Ricordo le belle parole di Benedetto XVI nella prima omelia dopo l'elezione al soglio pontificio. Diceva che noi «non siamo il prodotto casuale e senza senso dell'evoluzione», che «ciascuno di noi è il frutto di un pensiero di Dio, ciascuno di noi è voluto, ciascuno è amato, ciascuno è necessario».[23] Ricordo che queste parole, ascoltate alla

[23] Benedetto XVI, *Omelia per l'inizio del ministero petrino*, 24 aprile 2005, testo nel sito della Santa Sede.

radio mentre viaggiavo, mi avevano comunicato un profondo senso di gioia e di consolazione, infatti sarebbe bellissimo se fossero vere. Il fatto però è che, alla prova della realtà, non risultano tali. C'è sì un pensiero divino, ma tale pensiero (a meno di attribuire a esso anche il negativo che regolarmente si abbatte sull'esistenza) non si cura dei singoli.

Detto in altri termini: io non credo che il nostro corpo così come l'abbiamo ricevuto sia stato disegnato personalmente su misura per noi, né lo credo per la nostra psiche e il nostro spirito. Qual è allora il senso del nostro essere qui, se non vi è una *missione* nel senso etimologico del termine (dal verbo latino *mitto*, mandare) che suppone un *mandante* e un *mandato*?

Gli esseri umani si vanno da sempre interrogando al riguardo. Da bambini si vive nella convinzione che il nostro essere qui abbia il senso di crescere per non essere più bambini ma finalmente grandi, come la mamma e il papà. Poi da giovani si pensa che si deve studiare per darsi una formazione e acquisire gli strumenti che permettano di avere un posto nella vita, una *posizione*: è bello essere giovani e ci si diverte, ma al fondo si percepisce che il senso di essere tali è quello di non esserlo più per giungere finalmente a essere autonomi guadagnando quanto serve per gestire la propria vita. Poi si comincia a lavorare e, sia pure in tempi diversi, ci si rende conto che anche il lavoro è uno strumento, non certamente lo scopo: si esercita la professione dedicandosi all'una o all'altra delle molteplici attività che gli esseri umani intraprendono per sopravvivere, ma nel contempo si capisce che una cosa è sopravvivere, un'altra è vivere. Se poi uno ha la fortuna di raggiungere il cosiddetto successo, deve stare attento a non farsi divorare dal suo personaggio, identificandosi così tanto con esso da non essere altro se non quello che fa in pubblico, alla fine solo una maschera sotto la quale c'è il buio di una voragine. Poi si giunge alla pensione, quando si tocca con mano che il lavoro non era l'obiettivo ultimo del nostro essere qui, sentendo però altresì che non si è nati per fare il pensionato e che invece c'è, o perlomeno ci dovrebbe essere, qualcosa che non sia soltanto il rimpianto del tempo passato. Ma se questo *qualcos'altro* non compare, se questo misterioso *oltre* che abbiamo iniziato a ricercare da bambini pensando l'avessero i più grandi, e poi da giovani pensando l'avessero gli adulti, e poi da adulti pensando l'avessero quelli che hanno raggiunto il successo, ora, nell'ultima fase della vita, si rivela inesistente, si corre il rischio di cadere in quella amara condizione che gli antichi chiamavano *taedium vitae* e che oggi viene detta depressione, ormai una delle malattie più diffuse del nostro tempo, pare persino più dei tumori e dei disturbi cardiovascolari.[24] E la vita appare un inganno, un perfido tranello. Ma è la vita che ci ha ingannato o siamo stati noi nella nostra incurante superficialità a non essere stati capaci di capirla e di interpretarla nel modo giusto?

Ho descritto la scala della vita in base al lavoro, ma il corso dell'esistenza si può pensare anche secondo la scala dei rapporti interpersonali, dei cosiddetti *stati di vita*. Uno si chiede: perché sono nato? Per sposarmi? Per avere questo o quell'altro amore? Per mettere al mondo dei figli? Per fare il prete? La suora? Il monaco buddhista? Oppure il libertino e godermi tutte le avventure possibi-

[24] Così sul «Corriere della Sera» del 19 giugno 2016: «Le malattie mentali secondo l'OMS superano ormai i tumori e le patologie cardiovascolari e, all'interno di queste, la depressione costituisce il problema più grave e la principale sfida di salute globale»; l'autore dell'articolo è Claudio Mencacci, direttore del dipartimento Salute mentale e neuroscienze ASST Fatebenefratelli-Sacco, Milano, presidente della Società Italiana di Psichiatria SIP.

li? In realtà, per quanto importanti, gli stati di vita non sono tali da consegnare la risposta ultima al perché del nostro essere qui. Se uno riesce a imboccare la via più adatta a lui, magari avendo la fortuna di incontrare l'anima gemella, avrà senza dubbio una vita più piena e più serena di altri, tuttavia non sarà questa sua condizione relazionale a esaurire le aspirazioni e il potenziale dell'esistenza. Il compito che la vita ci consegna non si esaurisce nel vivere una vita matrimoniale, nell'essere padre o madre, nel fare professione di vita religiosa, nel vivere tutti gli amori possibili, o in qualsiasi altro stato affettivo. C'è qualcosa di più all'interno di un essere umano: un fondo che le sue relazioni, e gli stati di vita che ne sono le cristallizzazioni, non arriveranno mai a interpretare esaustivamente. La nostra *ultima solitudo* non sarà mai totalmente appagata dalle molteplici maschere dei diversi ruoli personali.

Ovviamente è appena il caso di ricordare che io non credo neppure a quello che ci propone la cultura dominante, ossia che il senso del nostro essere qui si concentri in un ego che deve sempre svettare al di sopra di tutto, all'insegna dell'essere «quello che mi va di essere». Si tratta di una filosofia di vita in cui non credo per tutte le ragioni scritte in questo libro, la principale delle quali è la natura relazionale o sistemica dell'essere. Io mi ritengo un convinto difensore della libertà, ma cerco di esserlo anche liberando la libertà da se stessa consegnandola a un mistero più grande.

Penso infatti che la libertà abbia bisogno di essere sanata, educata, affascinata, direi attratta da una dimensione più grande, alla quale tuttavia essa partecipa direttamente, proprio nel senso delle parole che Dante fa pronunciare al suo maestro Brunetto Latini mentre gli si rivolge: «Se tu segui tua stella, / non puoi fallire a glorioso porto».[25] La stella è più grande del singolo, quindi il singolo è chiamato a *seguire*; ma essa non è estranea perché il singolo le appartiene, è la *sua* stella. Se quindi io rifiuto la dogmatica tradizionale basata su obbedienza e sottomissione, rifiuto al contempo la cultura dominante del nostro tempo basata sull'egocentrismo della libertà assoluta che non conosce altre stelle se non il proprio ondivago desiderio.

Ne viene che quando uno si pone la domanda sul senso ultimo del suo essere qui senza accontentarsi dei luoghi comuni, e magari ponendosi al cospetto dell'immensità del cielo stellato in una notte particolare, vede l'insufficienza di tutte le risposte normalmente offerte dall'esistenza ordinaria che non sanno interpellare la sua *ultima solitudo*.

Che conclusioni trarre a questo punto? Io penso che la domanda sul senso del nostro essere qui possa trovare risposta solo se prima si risponde a quest'altra: da chi andare per avere una risposta? Se non è l'autorità religiosa, se non è la cultura dominante, se non è l'ego con la sua volontà di affermazione, da chi andare per ottenere la risposta alla domanda sul senso del nostro essere qui?

La mia risposta è: dobbiamo rivolgerci al nostro *corpo*. Con ciò, ovviamente, non intendo il nostro ego, ma la nostra *fisicità*. È il nostro corpo in quanto fenomeno fisico a offrirci la più plausibile risposta al senso del nostro essere qui, non dobbiamo andare lontano per trovarla, è vicinissima, è dentro ognuno di noi. Il nostro corpo, in quanto risultato della logica dell'armonia relazionale che governa la natura, è la nostra *stella*, o, per riprendere la celebre espressione di Archimede di Siracusa («Dammi

[25] Dante Alighieri, *La Divina Commedia. Inferno*, XV, 55-56.

un punto di appoggio e solleverò la Terra»), il punto di appoggio su cui fare leva. Mi chiedo quale luce seguire, mi chiedo su che cosa appoggiarmi, e mi rispondo riferendomi alla logica che mi ha portato all'esistenza e che mi mantiene in essa: la logica dell'aggregazione o dell'armonia relazionale. La risposta è quanto mi propone il mio corpo, ciò che emerge da esso.

Che cos'è infatti il corpo? È un *concerto* di relazioni: relazioni tra le particelle subatomiche che si combinano armoniosamente tra loro e formano gli atomi, tra gli atomi che si combinano armoniosamente e formano le molecole, e via di questo passo per una progressione da cui scaturiscono organelli, cellule, tessuti, organi, apparati e infine l'organismo che sente, percepisce, si emoziona, ama, riflette, sceglie. Tutto questo processo, iniziato miliardi di anni fa con la polvere primordiale dell'energia caotica, è possibile grazie alla logica dell'armonia. Se la nostra energia costitutiva non fosse informata da tale logica che porta a relazioni sempre più complesse e articolate, non ci sarebbe la vita, né la mente che si chiede perché c'è la vita, né ci sarebbe la libertà di scegliere tra le diverse risposte elaborate dalla mente. Anche chi dice di no alla vita perché la ritiene ingiusta e insensata lo può fare solo grazie a questa logica di armonia relazionale.

Il processo cosmico però non conosce una logica lineare, tale da produrre sempre e solo armonia. È abitato piuttosto da una logica che comporta momenti di disordine e di caos, sia nel fenomeno cosmo sia nel fenomeno umano, i quali entrambi ospitano «rotture di simmetria e di equilibrio», che nel cosmo si chiamano esplosioni e nell'uomo malattie (del corpo, della psiche e dello spirito). La logica di aggregazione tesa all'armonia relazionale non sfugge alla precarietà, è esposta a imprevisti e contraddizioni.

Perché? A mio avviso, perché è l'unica modalità escogitata dall'evoluzione per far sì che nel mondo potesse nascere la libertà. Poteva essere pensato diversamente questo processo produttore di libertà? Forse sì, forse no, a noi non resta che prendere atto che le cose stanno in questo modo, che questa è la logica dentro cui siamo immersi e da cui veniamo continuamente modellati. È la logica della relazione armoniosa ma come sempre da conquistare, mai data in modo definitivo e permanente ma soggetta alla precarietà, perché solo così si dà quell'indeterminazione che è essenziale per la nascita della libertà. È la logica di logos + caos, la cui somma dà pathos, passione.

E tuttavia, quando nella vita si costruiscono momenti di relazionalità armoniosa all'insegna del bene, della giustizia e dell'amore, si sperimenta con luminosa chiarezza che la propria umanità si compie, perlomeno questa è la mia esperienza. E in questo senso possiamo parlare di una *missione* dell'essere umano: siamo qui per interpretare *liberamente* la logica dell'armonia relazionale sotto forma di bene, di giustizia, di bellezza. Quando nei diversi sistemi di cui facciamo parte si raggiunge l'armonia, il nostro essere si riempie di compiutezza e nasce dentro di noi una particolare dolcezza interiore. Personalmente non conosco nulla di più nobile e di più vero per l'esistenza di un essere umano.

CONGEDO DAL PALCOSCENICO

Al termine del terzo atto il sipario si chiude. Alla riapertura ricompare sulla scena la maschera del prologo con uno strumento musicale, ognuno immagini quello a sé più caro tra gli strumenti dell'epoca barocca. Sul palcoscenico c'è un'altra persona, senza costume e senza maschera. Dopo la consueta riverenza, l'attore prende la parola.

«Eccomi nuovamente a voi, onorato pubblico. Non avete abbandonato il teatro e non vi siete neppure addormentati, a quanto vedo. Potete fare un ultimo sforzo? Prestate attenzione a quanto vi dirà lui. È l'autore in persona. Insieme al regista aveva progettato di affidare a me questa parte, ma io non sono il personaggio adatto per i concetti, sono solo un'antica maschera della commedia dell'arte, perciò mi sono opposto e gli ho detto: "Non tocca a me dire queste cose, venga Lei stesso sul palcoscenico". Ha accettato e ora eccolo qua. Signore e signori, ecco a voi l'autore in persona!» Sussurrando familiarmente al pubblico: «Vediamo ora come se la cava».

Visibilmente emozionato, l'autore comincia: «Io penso che tutto alla fine sia una questione di arte. Anche la libertà è arte, è una particolare manifestazione artistica: quella dell'arte di vivere». Ha parlato troppo in fretta, qualcuno in sala non ha capito, l'attore sorride.

«Noi esseri umani creiamo arte e ne godiamo», prosegue l'autore. «Perché? Nessuna necessità biologica ce lo impone.» La voce non è limpida, lo sguardo è fisso, la persona rigida. «A mio avviso questo dimostra che siamo tipi *strani*. Non dico necessariamente *straordinari*, però di certo *stravaganti*. *Stra*: sentite la forza di questo prefisso. Viene dal latino *extra* e afferma che noi ci possiamo *strappare* dalla natura e dalla società. Io ne sono convinto: l'arte nella sua spiritualità è un segno che, se abbiamo coraggio, possiamo giungere a *stracciare* tutti i legacci e a essere liberi.»

Si ferma, mantiene lo sguardo fisso su un punto, è altamente concentrato, ora però l'attore non sorride più: «So bene che l'arte è anche un fenomeno materiale, basta considerare gli strumenti musicali e i legni o i metalli che li compongono; oppure i colori estratti da pietre, piante e animali; oppure i marmi delle statue, o le pietre e i mattoni delle architetture. E i corpi degli artisti con i loro muscoli, i loro nervi, i calli alle dita, il sudore della fatica. L'arte non prescinde dalla dimensione materiale, nulla in questo mondo lo può. Come indica la parola, la materia è *mater*, madre di tutti gli enti all'interno del mondo».

La voce è ancora trepidante, ma l'imbarazzo iniziale è scomparso: «Così anche l'arte di vivere non può prescindere dalla dimensione materiale, noi non creiamo la nostra esistenza dal nulla. Tuttavia è altrettanto vero che possiamo giungere a esserne gli *artefici*. Possiamo fare della nostra vita un'opera d'arte, a cui lavorare tutti i giorni. E l'arte si può dare solo dove esiste libertà».

L'autore si ferma, prende dalla giacca un fazzoletto bianco e si deterge il sudore dalla fronte, poi beve un sorso d'acqua dalla caraffa predisposta. Per la prima volta alza lo sguardo sulla platea guardando a destra e a sinistra. La voce nel frattempo è diventata più ferma, più bassa, più sicura. Guarda l'attore, come a voler scambiare un segno di intesa, e questi inizia a suonare. Poi prosegue.

«Qui in questa sala sono rappresentate sicuramente le più svariate filosofie di vita. Io penso però che dovremmo andare oltre i concetti, oltre la dimensione mentale. Dovremmo entrare veramente in contatto con la realtà, con il mistero contenuto nella natura e dentro di noi. L'arte ci può essere di grande aiuto al riguardo perché risveglia in noi il senso della meraviglia. Quale meraviglia? Quella che nasce constatando che il mondo è dotato di organizzazione e bellezza. Solo da organizzazione e bellezza infatti possono nascere fenomeni così complessi come la nostra vita e la nostra intelligenza, e l'arte è corona e celebrazione di tutto questo.»

Nel frattempo una musica struggente si diffonde nella sala, il pubblico è immobile.

«So bene che la vita e l'intelligenza non nascono e non sussistono senza dolore, tutto ciò che vive è impastato di dolore: ma l'arte è celebrazione anche di questo dolore. Anzi, senza la sofferenza la vera arte non nasce. È vero: i nostri corpi sono segnati dalla vita, lo saranno sempre più fino a esserne consumati, la vita preme e spreme, passa su di noi, ci segna, ci fende, ci solca, ci ferisce. E tuttavia assaporare la meraviglia di essere un corpo vivente, giungere alla libera consapevolezza di ciò, e generare bellezza dentro e fuori di noi in accordo con la legge cosmica dell'armonia, è un'esperienza per la quale vale la pena esserci. È il sale della vita. È il sigillo dell'essere *umani.*»

L'attore continua a suonare, ma guarda spesso l'autore. Questi ha il volto più rilassato, si sente sgravato da un peso, sa che sta per finire.

«L'arte è l'indice della nostra libertà perché essa, prima che nella mente degli artisti, abita le nostre anime.

Per questo, incontrandola, ne godiamo: perché la riconosciamo. Ci appartiene e noi apparteniamo a lei. Veniamo dalla stessa legge. Siamo figli della stessa madre: l'armonia relazionale. Ognuno la contiene, ognuno è l'abbozzo di un'opera d'arte. Per questo possiamo modellare la nostra vita con libertà e creatività.»

Si ferma, sente di voler aggiungere qualcosa ma esita, non sa se è opportuno. Infine vince l'esitazione: «Quindi non tradite: non tradite le leggi dell'armonia, della proporzione, della prospettiva, della composizione, leggi che nell'esistenza di tutti i giorni si dicono come giustizia, rispetto, buona educazione, equità, cura, sorriso. Non tradite. Non traditevi. E ricordate: alla fine si tratta solo di introdurre armonia nell'immenso concerto del mondo. E così generare bellezza, e ancor più essere bellezza, quella bellezza che è anche bontà».

L'autore esce di scena.

L'attore posa lo strumento, guarda verso il pubblico, poi, leggermente imbarazzato, dice: «Io sono solo un'antica maschera della commedia dell'arte. Però a questo punto non ho timore di dirvi: amici, non vendiamoci! Senza maschere e costumi, senza casacche, uniformi, divise, camici, abiti di cerimonia, e senza statuti, contratti, giuramenti, regolamenti, senza queste e mille altre bardature non possiamo vivere, è risaputo: tutti dobbiamo recitare, l'impone l'esistenza, io ho questo costume, voi il vostro. Ma questo non significa vendersi: servire sì, vendersi mai. Il mondo esiste per generare libertà e noi dobbiamo essere all'altezza di tale destinazione. Siamo qui per essere liberi. Non dimenticatelo, vi prego. Ma ora è tardi, andiamo tutti a bere alla nostra salute».

Sipario.

INDICE DEI NOMI

INDICE

Vito Mancuso

IO E DIO

«Ma che cos'è vero, alla fine, di questa vita che se ne va, nessuno sa dove?
Rispondere a questa domanda significa parlare di Dio.»
Io e Dio di Vito Mancuso ruota intorno a una domanda intima, personale, che però coinvolge l'intera umanità, e dunque ciascuno di noi.
In pagine ricche di dottrina e di passione per la verità, Vito Mancuso spiega e condivide le ragioni della sua fede in Dio. È un percorso in cui non mancano puntate polemiche, basato su un'ampia riflessione, che supera di slancio la strettoia tra autoritarismo delle gerarchie religiose, e scientismo ateo e semplicistico, due posizioni che negano entrambe la nostra libertà individuale.
Ma una civiltà senza religione, o con una religione senza cultura, perde inevitabilmente la propria coesione interna, schiacciata su una sola dimensione, in balia di un egoismo molto prossimo al cinismo o alla disperazione. *Io e Dio* apre invece la strada verso una fede basata sull'amore e sul dialogo, sulla libertà e sulla giustizia.

Vito Mancuso

IL PRINCIPIO PASSIONE

In questo grande libro Vito Mancuso assume la passione come prospettiva da cui leggere il mondo. Il problema in particolare è l'amore, il suo posto nel mondo e nella logica che lo regge. Mancuso ritiene che quando amiamo mettendo la passione al servizio dell'armonia delle relazioni raggiungiamo la pienezza dell'esistenza, perché il nostro amore riproduce una più ampia logica cosmica tesa da sempre all'armonia relazionale. Si confronta con le grandi tradizioni religiose, con le filosofie e con la scienza, toccando questioni di cosmologia, biologia, fisica, fino a giungere al tema del male. Mancuso chiama così sulla scena i Mostri, le Signorie cosmiche e le Potenze sataniche di cui parla la Bibbia, in una specie di corpo a corpo metafisico con le radici stesse del negativo. Il risultato è la denuncia dell'infondatezza del dogma del peccato originale. Perché, sostiene Mancuso, il caos non è peccato, ma l'indeterminatezza necessaria per il nascere della libertà e dell'amore. Ed è su questo assunto che si basa la sua «formula del mondo»: *Logos + Caos = Pathos.*

Vito Mancuso

IO AMO

Piccola filosofia dell'amore

Nel corso della vita tutti abbiamo vissuto quel sentimento euforico e doloroso, carico di paura e di felicità, chiamato amore. Ma dove ha origine e come agisce la sua forza misteriosa che sempre attrae e rapisce? Come possiamo viverlo nel modo più vero? E qual è il messaggio che esso porta con sé? Sono le domande fondamentali a cui Vito Mancuso risponde con la profonda intensità che da sempre caratterizza il suo pensiero, accogliendo tra le pagine la dolcezza e la potenza di una straordinaria avventura umana affrontata nelle sue forme più diverse. In questo libro, puro ma mai puritano, si ragiona così senza paura di controversie a proposito di rapporti prematrimoniali, adulterio, masturbazione, omosessualità, bisessualità: rimanendo sempre fedele al primato della coscienza e della libertà individuale ed esponendo tutti i limiti della morale tradizionale cattolica, l'autore propone una prospettiva etica in grado di orientare dal basso un esercizio giusto e insieme libero della sessualità. L'amore diviene così il punto di vista privilegiato per guardare a tutta l'esistenza.

Vito Mancuso

QUESTA VITA

La vita è un immenso oceano che ci contiene e ci scuote con il continuo movimento delle sue onde, sempre inafferrabile, impossibile da fissare. Ma da dove viene, e quale logica la muove? Vito Mancuso risale alle origini della nascita e dell'evoluzione di *questa* vita sulla Terra, proponendo una visione della natura che non procede solo per mutazioni casuali e per egoistiche selezioni competitive, ma è soprattutto il frutto di una continua armoniosa aggregazione il cui senso intrinseco è il bene. Da questa visione «drammaticamente ottimista» in cui la nostra esistenza può sussistere solo in relazione con quella degli altri viventi, Mancuso recupera magistralmente la possibilità di una rinnovata analogia tra uomo e mondo. Ne nasce un'etica della nutrizione e dell'ecologia capace di purificare il nostro corpo, meglio proteggere e custodire il pianeta, offrirci criteri per un consapevole esercizio della libertà. In questa prospettiva il valore di un essere umano non dipende da ciò che ha o che sa, ma da quanto riesce a mettersi al servizio di qualcosa di più grande di sé: dalla sua capacità di aprirsi all'altro, di abbracciare, di amare. È la nuova visione del mondo di cui questa vita ha urgente bisogno per tornare a fiorire.

Dal catalogo
Garzanti

Vito Mancuso

DIO E IL SUO DESTINO

L'idea di Dio sembra essere scomparsa dall'orizzonte di noi occidentali, ossessionati da miti effimeri e disposti a vendere al miglior offerente persino la nostra libertà. La sua assenza ci ha lasciati orfani di una guida in grado di orientare l'esistenza verso il bene e la giustizia, e per questo diventa necessario riflettere oggi sulla questione del divino. Ma quale Dio? Come possiamo ancora immaginarlo? E quale destino gli è riservato? In questo libro, Vito Mancuso attraversa le problematiche raffigurazioni della divinità che nei secoli hanno accompagnato la nostra storia. E ci sfida a liberarci dall'immagine tradizionale del Padre onnipotente assiso nell'alto dei cieli che ci viene ancora offerta da una Chiesa cattolica che sembra aver modificato il suo linguaggio ma non la sua rigida dottrina. Si riscopre così il valore di una divinità partecipe nel processo umano, capace di comprendere i principi dell'impersonale e del femminile. Soltanto in questa consapevolezza risorgono la speranza e la fiducia nella vita senza le quali non può esserci futuro per alcuna civiltà.

Finito di stampare nel mese di ottobre 2016
da Grafica Veneta s.p.a., Trebaseleghe (PD)